Me parece pertinente significativo. Me impactaron p-

Edwards... Confieso que, como él, debo de leerlas semanalmente con el propósito de hacerlas mías en mi propio contexto. Me ha bendecido revisar el material y estoy seguro que bendecirá a muchos también.

REV. FRANCISCO CERRÓN

Francisco Cerrón, fue Director del Seminario Bíblico de la Alianza en el Perú (SEBAP).

Jonathan Edwards era principalmente un pastor, antes incluso que un filósofo, un teólogo o un evangelista. Y como pastor de una iglesia local anhelaba lo que todo pastor desea: una manifestación profunda del Espíritu Santo en su congregación que la sacuda de toda pasividad espiritual, de las contiendas carnales entre líderes que la estorban, de la falta de decisiones de fe que permanecen, y que permita una renovación en el amor al Señor, a su santidad, a las almas perdidas y a su Palabra, como nunca antes se había vivido.

Como pastor estudioso de las Escrituras conocía los peligros que tal búsqueda sincera le podían traer a su iglesia en el campo espiritual y doctrinal. Por esa misma razón se convirtió en un teólogo o estudioso de las marcas genuinas de un avivamiento. Si tú aspiras a una profunda obra del Espíritu de Dios, no hay mejor consejero por medio de sus escritos, que el pastor Edwards, para poder brindarte pautas escriturales claras y aplicables a todos los tiempos, que te ayuden a discernir qué es de Dios y qué es imitación humana, muy bien intencionada, pero carnal en su origen.

Edwards comienza este peregrinaje espiritual donde comienza todo lo que es auténtico en el ministerio, en su propio corazón. Mientras pastoreaba entró en un profundo "valle de humillación" en el que se vino a dar cuenta de su profunda pecaminosidad interior.

Hoy es urgente que disciernas qué es un verdadero avivamiento y qué es un "avivamiento" producto de las emociones, las manipulaciones y por lo tanto superficial en sus frutos permanentes. Te animo a que busques discernimiento espiritual para tu ministerio e iglesia por medio de las desafiantes páginas de este protagonista y testigo del Primer Gran Despertar (1734).

REV. JAVIER CORTÁZAR

Javier Cortázar, fue el pastor titular de la Iglesia Alianza Cristiana y Misionera de Monterrico (Lima, Perú) y conferencista internacional. Ha servido en el pasado como presidente de la Convención "Lima al Encuentro con Dios".

La vida y mensaje de J. Edwards ha sido y es de gran bendición para el pueblo del Señor. Es sumamente inspirador ver sus proposiciones (resoluciones) y esfuerzo por una vida que se conforme a la santidad de Dios. Este libro, que rescata las riquezas del ministerio de Edwards, será de inspiración y desafío, lo conmoverá y lo alentará a seguir hacia la meta del supremo llamamiento.

REV. WILSON CHÁVEZ

José Chávez fue el Pastor Titular de la Iglesia Alianza Cristiana y Misionera de Lince (Lima, Perú) y conferencista internacional. Actualmente sirve como miembro de Consejo Directivo Nacional (CODIN) de la Iglesia Nacional de la Alianza Cristiana y Misionera.

No podemos menos que dar la bienvenida a este trabajo que según tengo conocimiento, es el primero que se intenta poner en manos del mundo hispano, con tan rico contenido. Leer a Edwards obliga a pensar seriamente y a autoexaminarse concienzudamente. Quiera nuestro buen Dios permitirnos respirar algo del aire de cielo, que prevalecía en el ministerio de este hombre de Dios, de tres siglos atrás.

DR. ALFREDO SMITH

Alfredo C. Smith fue protagonista del movimiento Lima al Encuentro con Dios. Actualmente reside en Quito, Ecuador pero su ministerio profético itinerante como conferencista es internacional e interdenominacional.

Este es un libro que nos revela la tremenda lucidez de Jonathan Edwards para tratar el problema de las señales que sirven para distinguir cuando una obra es o no de Dios. Por ello su pensamiento en este campo, será siempre vigente, pues periódicamente solemos ver manifestaciones espirituales en la vida e historia de la iglesia que nos dejan perplejos en cuanto a su naturaleza. Los pensamientos de Edwards acertadamente comentados y ampliados por Ernest Klassen nos darán mucha luz para determinar cuando estamos frente a una auténtica obra de Dios o ante una falsificación.

PS. JUAN ZUÑIGA

UN AVIVAMIENTO VERDADERO

Las marcas de la obra del Espíritu Santo

TEOLOGÍA PARA VIVIR

Fe y Palabra

JONATHAN EDWARDS

Dr. Ernest Klassen
Jaime Daniel Caballero (eds.)

UN AVIVAMIENTO VERDADERO

Autor: © Jaime Daniel Caballero, Jonathan Edwards
Titulo original: Jonathan Edwards, "The Distinguishing Marks of a Work of the Spirit of God", en *The works of Jonathan Edwards*, vol. 2 (Banner of Truth Trust, 1974), 257-278. Edición completa sin abreviar. Publicado originalmente en 1741.
Notas y comentarios: Ernest Klassen.
Editor: Jaime D. Caballero.
Traducción: Elioth Raphael Fonseca Martinez.
Revisión de traducción: Jaime D. Caballero.
Diseño de cubierta: Angie García-Naranjo.
Revisión de estilo y lenguaje: Alex Dávila.
Serie: Clásicos Reformados
Volumen: 05

Editado por:
©TEOLOGIAPARAVIVIR.S.A.C
José de Rivadeneyra 610.
Urb. Santa Catalina, La Victoria. Lima, Perú.
ventas@teologiaparavivir.com
https://www.facebook.com/teologiaparavivir/
www.teologiaparavivir.com
Primera edición: Febrero de 2020
Tiraje: 1000 ejemplares

Hecho el Depósito Legal en la Biblioteca Nacional del Perú, N°: 2020-01176
ISBN: 978-612-48204-2-7

Se terminó de imprimir en febrero de 2020 en:
ALEPH IMPRESIONES S.R.L.
Jr. Risso 580, Lince
Lima, Perú.

Prohibida su reproducción o transmisión total o parcial, por cualquier medio, sin permiso escrito de la editorial. Las citas bíblicas fueron tomadas de las Versión *Reina Valera* de 1960, y de la *Nueva Biblia de los Hispanos*, salvo indique lo contrario en alguna de ellas.

TABLA DE CONTENIDOS

Jonathan Edwards (1703-1758),
Yale University Art Gallery, por John Ferguson Weir

DEDICATORIA

El presente trabajo es, en esencia, un tratado sobre el discernimiento espiritual durante el período del avivamiento. Quiero dedicar esta publicación a Marilyn, mi querida esposa, quien ha sido mi "ayuda idónea" por más de cuarenta y tres años; ella es una preciosa joya con mente ágil y un corazón profundo en las cosas de Dios, que evidencia discernimiento espiritual en la vida y el ministerio.

También dedico este libro a nuestros dos hijos, Daniel (casado con Jésica) y David (casado con Boyda), hermosos regalos del Señor. Confío que el discernimiento espiritual los acompañe en todas sus decisiones.

Sobre todo, dedico este libro a la gloria de Dios, quien es digno de ser amado y obedecido.

Dr. Ernest Klassen
Setiembre, 2019

AGRADECIMIENTOS

El trabajo de producir un libro es agotador. Definitivamente es un esfuerzo de equipo. En particular, quiero agradecer al equipo de traductores que han luchado con el inglés anacrónico y filosófico de Edwards, esforzándose a ser fieles al pensamiento original, para expresar sus pensamientos en un castellano claro y lúcido. Hemos intentado reconocer su aporte en las porciones pertinentes. Aquí es justo reconocer la valiosa contribución de Minina Pucci de Barrantes y Carles Berdegué Font por las múltiples horas invertidas en la cuidadosa revisión de la traducción. (cualquier error es mío).

El autor agradece a 'The Banner of Truth Trust', (Edimburgo, Escocia) por el permiso de traducir una porción del libro "Jonathan Edwards on Revival" (1965) que se llama "Distinguishing Marks of a Work of the Spirit of God" (Las Marcas Distintivas de una Obra del Espíritu de Dios), originalmente publicado en 1741.

El autor también agradece a Crossway Books (Wheaton, Illinois, EEUU) por el permiso de usar la introducción por R. C. Sproul y algunas preguntas de reflexión por Archie Parrish del libro "The Spirit of Revival – Discovering the Wisdom of Jonathan Edwards" (El espíritu del avivamiento – Descubriendo la sabiduría de Jonathan Edwards, 2000).

A menos que se indique al contrario, todas las citas bíblicas son de la versión *Reina Valera Revisada (1960)*, (Estados Unidos de América: Sociedades Bíblicas Unidas, 1998).

Dr. Ernest Klassen

Oraciones por el avivamiento personal del Salmo 119

Abatida hasta el polvo está mi alma;
Vivifícame según tu palabra. (vs. 25)
Aparta mis ojos, que no vean la vanidad;
Avívame en tu camino. (vs.37)
He aquí yo he anhelado tus mandamientos;
Vivifícame en tu justicia. (vs. 40)
Vivifícame conforme a tu misericordia,
Y guardaré los testimonios de tu boca. (vs. 88)
Afligido estoy en gran manera;
Vivifícame, oh Jehová, conforme a tu palabra. (vs. 107)
Oye mi voz conforme a tu misericordia;
Oh Jehová, vivifícame conforme a tu juicio. (vs. 149)
Defiende mi causa, y redímeme;
Vivifícame con tu palabra. (vs. 154)
Muchas son tus misericordias, oh Jehová;
Vivifícame conforme a tus juicios. (vs. 156)
Mira, oh Jehová, que amo tus mandamientos;
Vivifícame conforme a tu misericordia. (vs. 159)

PRESENTACIÓN DE LA NUEVA EDICIÓN

Jaime D. Caballero

Hace unos meses inicié correspondencia con el Dr. Ernest Klassen. La obra que usted tiene en sus manos es una consecuencia de los esfuerzos de un grupo de personas liderados por él, en un esfuerzo por introducir a Edwards al mundo hispano hablante. Las notas al pie de página del libro fueron enteramente preparadas por el Dr. Klassen, y actualizadas para la presente edición. Quiera el Señor traer al español en los años por venir muchas más de las grandes obras teológicas de nuestra tradición evangélica protestante.

Lo primero que debemos tener en cuenta para un correcto análisis del pensamiento de Edwards, es que, contrario a lo que muchos piensan, Jonathan Edwards no fue estadounidense, sino británico. Es cierto que nació en el territorio que el día de hoy se conoce como los Estados Unidos de Norteamérica, pero durante la vida de Edwards este territorio era parte de Reino Unido. Edwards mismo se hubiera considerado Británico.

Solamente con la excepción de John Owen, ningún teólogo de habla inglesa se iguala a Jonathan Edwards en términos de su profundidad doctrinal, aplicaciones prácticas, y devoción al Señor. Este libro, fruto de la experiencia de Edwards en el Primer Gran Despertar, tiene el propósito de evaluar y discernir la naturaleza de un verdadero obrar del Espíritu Santo.

Esta obra es de suma importancia para el contexto Latinoamericano. El Señor ha sido misericordioso con nuestro continente y Su Espíritu nos ha visitado en las últimas décadas produciendo un crecimiento más allá de lo que cualquiera hubiera previsto un siglo atrás. Sin embargo, de la misma manera como "trigo" ha sido sembrado, también "cizaña", y en ningún lugar se ve esto más claro que en relación con la obra del Espíritu Santo. Algunas manifestaciones que en la actualidad se le atribuyen al Espíritu Santo, en siglos pasados hubieran sido consideradas emocionalismo en el mejor de los casos.

Edwards, con la precisión de un cirujano, y un intelecto consagrado y rendido al Señorío de Cristo, distingue entre aquello que es realmente una manifestación del Espíritu Santo, y aquello que es mero emocionalismo.

El que una persona tenga aparentes manifestaciones externas del Espíritu no significa que sea una obra genuina del Espíritu. Sobre este punto, Ryan J. Martin, escribiendo sobre esta obra de Edwards, ha escrito: "El fervor y las manifestaciones físicas externas no deben ser la base para aceptar o rechazar una obra de Dios."[1]

El gran entusiasmo propio de nuestras naciones latinas, pero al mismo tiempo la poca profundidad teológica de nuestros pastores y líderes, sumado a un entendimiento miope del obrar del Espíritu, ha producido que más de una vez se le adjudique al Espíritu Santo obras que difícilmente se podrían consideran como suyas, como la "embriaguez" del Espíritu, la risa "santa", convulsiones, entre otras.

Otro punto que es de particular relevancia para nuestro contexto latino es el cesacionismo "sobrenatural" de Jonathan Edwards y la mayoría de la tradición reformada, particularmente anterior al siglo XIX. A veces existe la idea, divorciada de

---

[1] Ryan J. Martin, «"Violent Motions of Carnal Affections": Jonathan Edwards, John Owen, and Distinguishing the Work of the Spirit from Enthusiasm», *Detroit Baptist Seminary Journal Volume 15* 15 (2010): 115.

cualquiera noción histórica, que el hecho de que la casi totalidad de la tradición reformada de los siglos XVI al XIX haya sido cesacionista significó que apagaron la obra del Espíritu Santo. En realidad, fue exactamente todo lo contrario. Agrego el adjetivo "supernatural" para calificar al cesacionismo de Edwards y otros teólogos dentro de la tradición reformada para distinguirlo del cesacionismo del siglo XIX que fue influenciado por el racionalismo y concepciones Kantianas del obrar del Espíritu Santo. El cesacionismo post-Kantiano tiene una tez más "anti-supernatural".

Muchos de lo que el día de hoy se le denomina "dones del Espíritu Santo", tanto Edwards, como John Owen, y la mayoría de Puritanos, Charles Spurgeon, Martyn Lloyd-Jones, entre muchos otros, le hubieran llamado "milagros" o "manifestaciones especiales del Espíritu", algo que esperaban, oraban y anhelaban ansiosamente. Pero esto es muy diferente de un don del Espíritu, en el sentido que se entiende en la actualidad. Es cierto, una sanidad es un don del Espíritu, en el sentido de que es un regalo o una gracia de Dios, operada Soberanamente por Dios como respuesta de la oración de Su pueblo. Edwards y otros cesacionistas estaban convencidos de que Dios obraba sanidades, pero que no hacia sanadores.

La gran diferencia es que, en la actualidad estas manifestaciones se entienden como dones dados a una persona en particular y no a otras, mientras que el entendimiento cesacionista Reformado es que estos regalos o gracias especiales del Espíritu son una respuesta de la oración de la Iglesia y no de la voluntad de una persona en particular, que es la poseedora de este "don". Es decir, Dios puede efectuar una sanidad en respuesta a la oración de cualquier persona, a través de los méritos de Cristo, y no primaria, o en la practica casi exclusivamente, de aquellos que poseen un "don de sanidad". Esta es una de las diferencias mas cruciales entre el cesacionismo "supernatural" y el continuismo. De hecho, estoy convencido de que la mayoría de los que el día de hoy se identifican como continuistas "abiertos pero cautelosos", si hubieran nacido 200 años atrás, serían cesacionistas, como Edwards, Owen, Spurgeon, o Lloyd-Jones lo fueron.

Se podría escribir mucho sobre este tema, pero el punto central que el lector debe tener en cuenta es que predicadores usados por grandes avivamientos de Dios del siglo XVIII, como Jonathan Edwards y George Whitefield, fueron cesacionistas, al igual que el inicio de las grandes misiones a nivel mundial por parte de William Carey y Andrew Fuller, ambos calvinistas y cesacionistas, pero inflamados por el fuego del Espíritu promovieron el más grande movimiento misionero mundial que se jamás se haya conocido.

Independientemente de la postura del lector, la caricatura de que el cesacionismo apaga el Espíritu, mientras que el continuismo lo aviva, es justamente eso, sólo una caricatura carente de base histórica y teológica. Este libro de Edwards, en medio de una era de grandes avivamientos, es una prueba de esto. Lo que motivó a Edwards a escribir este libro fue justamente eso, ¿Cómo puedo realmente discernir la obra verdadera del Espíritu Santo de un seudo obrar del Espíritu, particularmente en un tiempo de avivamiento? A la luz de nuestro contexto latino, quizá no haya una obra de mayor necesidad, relevancia e impacto para nuestro días y contexto actual, especialmente con relación a la obra "supernatural", o "fuera de lo ordinario" del Espíritu Santo que la obra de Edwards: "Un avivamiento verdadero: Las Características del obrar del Espíritu Santo".

Quiera el Señor bendecir esta obra y extender Su Reino aún más en Latinoamérica. Que el Señor tenga misericordia de nosotros y que una vez más derrame de su Espíritu Santo sobre nosotros. ¡Que Su nombre sea exaltado en medio nuestro!

Jaime D. Caballero
Cork, Irlanda
Setiembre, 2019

PRÓLOGO

Dr. R. C. Sproul

¿Estamos en medio de una renovación mayor? O ¿estamos viendo señales incitantes de renovación? Aquí es donde la reaparición de "Señales que distinguen" de Edwards puede ser útil. Para que nosotros podamos discernir la presencia de una renovación auténtica, necesitamos conocer qué podría semejar tal renovación. Cuando aparecen signos de renovación en el panorama de la historia, una de las primeras preguntas que surge es sobre la autenticidad. ¿Es la renovación genuina o es un mero arranque de emoción superficial? ¿Encontramos un entusiasmo vacío empujado por nada de sustancia, o el entusiasmo en sí mismo es señal de un trabajo mayor de Dios? En cada renovación comprobada en la historia de la Iglesia, los signos que lo siguen están mezclados. El oro está siempre mezclado con impurezas.

Cada renovación tiene sus falsificaciones; las distorsiones tienden a provocar preguntas acerca de lo real. Ciertamente este problema acompañó al siglo XVIII al Gran Avivamiento en Nueva Inglaterra, en el que Jonathan Edwards fue figura clave. Su "Señales que distinguen" expone un cuidadoso análisis de dicha renovación, haciendo notar su sustancia, así como sus excesos. Pero el estudio puritano divino sobre el tema tiene mayor importancia que su explicación a dicho avivamiento en especial. Nos da un

mapa para seguir por todos los periodos de renovación y por tal
motivo tiene un valor perdurable para nosotros hoy en día.[1]

Dr. Douglas Sweeney

Aunque Jonathan Edwards (1703 – 1758) nació hace tres siglos en
una remota colonia de Gran Bretaña, la influencia de sus ministros
continúa hasta hoy, en todo el mundo. Como pastor evangélico de
Nueva Inglaterra, como un misionero a los Indios de Stockbridge,
y como uno de los primeros presidentes del College of New Jersey
(más tarde Universidad de Princeton), él ministró directamente a
cientos de americanos. Pero, como un teólogo de mando del "Gran
avivamiento" transatlántico, el precoz liderazgo intelectual
catalizador de misiones protestantes internacionales, y uno de los
pocos padres fundadores del movimiento evangélico moderno, ha
ministrado indirectamente a varios millones en toda la tierra.

El ministerio de Edwards fue demostrado inspirando a un
incontable número de cristianos fervientes. Como uno que anheló
nada más que "ser llevado en brazos hacia Dios en el cielo", su vida
espiritual ha dado un ejemplo de devoción cristiana para muchos
seguidores. Pero los escritos de Edwards, ahora impresos en cientos
de ediciones por todo el mundo, se han convertido en la parte de
mayor influencia de su legado espiritual.

Edwards es más conocido entre los intelectuales por su trabajo
sobre temas teológicos fuertes como "Pecado Original" (1758),
"Afectos religiosos" (1746), y "La libertad de la voluntad" (1754).
Pero sus libros más leídos han ofrecido un consejo espiritual
práctico y un entendimiento bíblico básico para las personas
comunes. Su libro más vendido de todos los tiempos es "La vida de

---

[1] Tomado de: R.C. Sproul, "Introduction", en *The Spirit of Revival
Discovering the Wisdom of Jonathan Edwards, ed.* Archie Parrish (Wheaton, Ill:
Crossway Books, 2000), 21-22. Usado con permiso.

David Brainerd" (1749), un cristiano de corta vida, misionero para los americanos Nativos en Pennsylvania, New Jersey y Delaware. Luego de ello, su serie de sermones en "Historia del trabajo de la redención" (1774) han ayudado a mucha gente desde la muerte de Edwards. Finalmente, sus escritos sobre renovación, como éste, han sido leídos ávidamente, por un sinnúmero de cristianos que buscan renovación en sus vidas, en sus familias, en sus iglesias, y aun en sus naciones.

Por la tanto, es conveniente que Edwards sea traducido al español por lectores modernos, y que este proyecto empiece con "Las señales que distinguen el trabajo del Espíritu de Dios" (1741). Predicado originalmente en Yale en el punto más alto del Gran Avivamiento, "Señales que Distinguen" ha demostrado ser una bendición desde siempre. Es el mejor trabajo corto asequible para aquellos que buscan ayuda en "probar los espíritus" (1 Juan 4:1), aconsejando la renovación y reforma en la Iglesia. Que Dios bendiga esta aventura de publicación y, a través de ella, a la gente de Latinoamérica, para Su gloria.

Douglas A. Sweeney es Catedrático del Departamento de La Historia de la Iglesia y la Historia del Pensamiento Cristiano en Trinity Evangelical Divinity School, Deerfield, Illinois, uno de los principales seminarios evangélicos del mundo. Sweeney es un historiador, especialista en Jonathan Edwards. Ha editado y escrito ampliamente acerca de Edwards.

Dr. Alfredo Smith

Nuestro continente vive días de grandes confusiones en todos los órdenes. En lo político, lo económico, social y también moral y religioso. Particularmente en este último campo, es indispensable reconocer, que las iglesias deambulan bajo liturgias y formas de culto un tanto particulares a nuestro tiempo, pero sin todo el respaldo histórico de las iglesias cristianas de siglos pasados.

Púlpitos generalmente débiles, carentes de un mensaje profético ungido, parecen ser la señal dominante, esto con muy pocas excepciones, desde México a los confines de la sureña Patagónica. Un énfasis fuertemente sensorialista y con marcas cuestionables en la mayoría de los casos, ha tomado la bandera, y esto bajo un marco de "alabanza" que ha ido debilitando la fuerza de impacto evangelístico, sustituyéndolo por una aproximación psicológica, que disimuladamente, ha ido reemplazando la convicción de pecado, indispensable a la salvación de las almas, y ha ido implantando un proceso catártico, en un medio alborozado (¿espiritualista?), que no llega a experimentar cambios morales permanentes y menos aún, que permitan llegar a gozarse en una auténtica santificación con consiguiente estabilidad espiritual.

América Latina no ha experimentado nunca una manifestación de ministerios de impacto transformador como los que vivieran nuestros hermanos en la América del Norte. Nombres como los de Wesley, Finney y Moody, entre otros, están asociados al mover del Espíritu Santo con repercusiones nacionales, llegando inclusive a cambiar el derrotero de aquellas naciones. Este es un hecho reconocido aun por escépticos de fama internacional.

El nombre de Jonathan Edwards identifica a un hombre con un poderoso ministerio de Nuestro Señor entre estos perfiles. Las marcas de la mano de Dios sobre su trabajo, podemos decir, que se evidencian en dos áreas muy significativas:

a.   Manifestación de poder convincente en salvación de almas perdidas.

Como bien señala un prólogo en la edición inglesa: "prostitutas regeneradas, borrachos liberados, comerciantes inescrupulosos transformados en gente honesta, familias reintegradas, y el decrecimiento del comercio de burdeles, bares, y alcoholismo, son las credenciales a (de) un genuino mover de Dios". Este ministerio de salvación tuvo sus manifestaciones de poder, en más de una ocasión, con señales sobrenaturales de los cuales muy pocas veces se habla, sin embargo, el carácter distintivo de este siervo de Dios fue el de ser un instrumento dócil y fiel en la evangelización de los perdidos. Ejemplo de ello es su famoso sermón, "Pecadores en manos de un Dios airado", ¡que tumbó literalmente la gente al piso clamando por la salvación de sus almas! ¡No era meramente una cuestión de buscar experiencias sino de buscar a Dios y ser salvo!

b. Su ministerio tuvo una sólida base en el "Escrito está".

La proclamación de Edwards no iba dirigida meramente a las emociones o los sentidos naturales de las gentes, sino a la conciencia y al destino final de sus almas. Su mensaje era confrontativo, obligando a las gentes a tomar decisiones, y no siempre del agrado de las estructuras religiosas imperantes amoldadas a sus tradiciones, o bien a sus intereses particulares o denominacionales.

Edwards, con toda honestidad y diligencia, buscó dar lo que debía dar, sin medir consecuencias políticas que afectaran su posición, o que le causaran el rechazo del institucionalismo religioso de su tiempo. Habiendo sido recibido en muchas ocasiones por iglesias tradicionales, éstas luego le cerraron sus puertas, impulsando a Edwards a predicar en los parques y plazas a multitudes (gentes de la calle), que le oían de muy buena gana.

No podemos menos que dar la bienvenida a este trabajo que según tengo conocimiento, es el primero que se intenta poner en manos del mundo hispano, con tan rico contenido. Quiera Dios prosperar este trabajo en nuestro continente, impulsándonos rápidamente hacia las bases de un ministerio de poder genuino y profético. Nuestras grandes masas humanas sumidas en oscuridad y confusión necesitan oír la voz de Dios con claridad y poder de Dios. Al mismo tiempo urge profundizar la fe de los cristianos, sometidos hoy día a un evangelio de tipo utilitario, superficial y tememos, conducente a la triste apostasía prevista por el Señor en la iglesia de Laodicea. Leer a Edwards obliga a pensar seriamente y a auto-examinarse concienzudamente. Quiera nuestro buen Dios permitirnos respirar algo del aire de cielo, que prevalecía en el ministerio de este hombre de Dios, de un par de siglos atrás.

Alfredo C. Smith fue protagonista del movimiento Lima al Encuentro con Dios. Actualmente reside en Quito, Ecuador pero su ministerio profético itinerante como conferencista es internacional e interdenominacional.

Dr. Humberto Lay Sun

El tema de los avivamientos es muy mencionado por todos, pero evidentemente poco comprendido; y con demasiada frecuencia se califica de avivamiento a lo que sólo es una manifestación emocional o, en el mejor de los casos, una "renovación" de la iglesia o de un sector de ella en algún aspecto de su vida o experiencia espiritual.

Por otro lado, es doloroso contemplar cómo muchos de los fenómenos o manifestaciones que se ven en la iglesia son aceptados indiscriminadamente por unos, sin aplicar discernimiento espiritual ni cotejándolos con la enseñanza de las Escrituras; y son rechazados por otros, no por ser contrarios a la letra o el espíritu de la Palabra de Dios, única regla de fe y conducta para nosotros, sino por ser contrarios a sus interpretaciones particulares de esa Palabra.

Por ello es tan importante el aporte de mi buen amigo Ernie Klassen en esta primera entrega de una serie sobre los pensamientos de Jonathan Edwards, un gran hombre usado por Dios para producir uno de los genuinos avivamientos en la historia de la iglesia. Es refrescante leer esos pensamientos y los acertados comentarios del autor, especialmente en estos tiempos de tantas modas doctrinales que están entreteniendo y confundiendo a la iglesia, y desviándola de su propósito fundamental de extender el reino de Dios y ser bendición "a todas las naciones".

La post-modernidad se está metiendo en la iglesia con su falta de valores, su crisis de ética, su énfasis en las emociones y su egocentrismo esencial. Por ello es más urgente que nunca un verdadero avivamiento, que no solamente nos "emocione", sino que nos transforme y restaure a los principios de santidad, y que con vidas transformadas podamos impactar al mundo que nos rodea. Jesús dijo: *por sus frutos los conoceréis*, no por las señales, aunque las señales sí seguirán a la predicación de la Palabra de Dios.

Ante el "exitismo" y triunfalismo de muchos predicadores y teleevangelistas, qué saludable equilibrio traen palabras como éstas: "Las Escrituras en todos lados representan la búsqueda, lucha y labor del cristiano como lo más importante después de su conversión, y su conversión como apenas el principio de su obra. Casi todo lo que está escrito en el Nuevo Testamento de hombres que luchan, se guardan y se esfuerzan corriendo la carrera que está frente a ellos, luchando, agonizando y peleando, no contra carne y sangre, sino contra principados y poderes de las tinieblas; poniéndose toda la armadura de Dios, peleando firmes y con la mira hacia adelante, alcanzando en oración continua a Dios día y noche..."

Ante las contiendas y críticas mutuas, qué exhortación tan oportuna encontramos en estas palabras de un hombre que supo vivir muy cerca de Dios y de Su Palabra: "La contención es directamente contraria a la suma de todo lo esencial que se distingue en el cristianismo verdadero y en el espíritu de paz y amor. Por lo tanto, nos damos cuenta de que el cristianismo no puede florecer en un ambiente de lucha y contención entre los creyentes. No puede ser que religión y contención vayan unidos."

Ante el mar de confusión y críticas sobre las "señales" que se dan en diversos sectores de la iglesia, qué luz esclarecedora encontramos en "Las marcas distintivas de una obra del verdadero

Espíritu" tanto negativas como positivas. Son pautas que serán de bendición para todos los que buscan sinceramente la verdad de Dios y no simplemente apoyo a sus propias opiniones o convicciones personales o denominacionales.

En fin, saludo este pequeño pero gran aporte a la Iglesia, con mi oración que Ernie pueda cumplir su deseo de continuar y completar la serie sobre Jonathan Edwards y el avivamiento, y me permito recomendar su lectura atenta y meditada, especialmente a los pastores y todos los que tienen una posición de liderazgo en la iglesia del Señor.

Dr. Humberto Lay es el pastor titular de la Iglesia Bíblica Emmanuel (Lima, Perú) y miembro de la Comisión Nacional de la Verdad y la Reconciliación. También sirve como Presidente de FIPAC (Fraternidad Internacional de Pastores Carismáticos).

Dr. Tito Paredes

El misiólogo Andrew Walls sostiene que el centro de gravedad del cristianismo ha dejado de ser Europa y Norteamérica y ahora lo es África, Asia y América Latina. Evidencia de esto es el explosivo crecimiento de las iglesias evangélicas en estos continentes. En nuestra América Latina, hemos sido testigos de un fenomenal crecimiento numérico de las iglesias evangélicas particularmente en los sectores pentecostales y carismáticos.

A menudo, se ha hecho referencia a la presencia de avivamientos como una de las causales de este crecimiento numérico; por ejemplo, escuchamos a evangelistas, predicadores que visitan el Perú, y dicen: *"Que el Perú experimentará un gran avivamiento"; "Las lluvias del avivamiento están cayendo"; "Dios está preparando el terreno para la cosecha", etc., etc.*

¿Qué entendemos realmente por avivamiento? y ¿qué quieren decir estos hermanos cuando hablan de esta manera? ¿Cómo evaluar estos avivamientos, si son genuinos o espurios? Estas son preguntas que la obra trata de contestar.

La obra de Jonathan Edwards, gracias al esfuerzo de Ernie Klassen, nos provee un acercamiento para la comprensión de los avivamientos de una forma seria y clara; también, nos provee criterios bíblicos para evaluar y examinar los avivamientos, ya que él cree qué: "Así como las genuinas operaciones del Espíritu Santo abundaron, ocurrió lo mismo con las falsificaciones de su obrar: El diablo abundó imitando las operaciones ordinarias y extraordinarias del Espíritu Santo, como claramente se aprecia en los escritos apostólicos. Esto hizo indispensable que la iglesia se equipara con determinadas normas que fueron señales claras y distinguibles del obrar del Espíritu Santo; con ellas se podría proceder con seguridad, discerniendo lo verdadero de lo falso, evitando el peligro de ser engañados" (Manuscrito: "Las características de un avivamiento genuino", Lima 2002, p.22.)

Esta obra de Jonathan Edwards es muy pertinente para entender las manifestaciones religiosas en nuestras iglesias evangélicas en el Perú y América Latina. Jonathan Edwards nos exhorta a estudiar la Palabra de Dios para examinar y evaluar los avivamientos. Esto es muy importante y pertinente para el caso de los avivamientos y manifestaciones del Espíritu en América Latina, como la Palabra de Dios dice: *"Examinarlo todo y retener lo bueno" 1° Tesalonicenses 5:21.* Damos gracias a Ernie Klassen por el esfuerzo y sacrificio realizado para dar luz a esta obra de Jonathan Edwards.

Dr. Tito Paredes, antropólogo, es secretario general de la Fraternidad Teológica Latinoamericana y Director de la Facultad Evangélica "ORLANDO E. COSTAS" Del CEMAA (Centro Evangélico de Misiología Andina Amazónica) en Lima, Perú.

La predicación de George Whitefield (1714-1770), fue clave para los avivamientos en las colonias británicas de Norteamérica. Whitefield y Edwards trabajaron lado a lado durante la era de los avivamientos.

PREFACIO A LA OBRA
PARA EL LECTOR
ESPAÑOL Y LATINO

Dr. Ernest Klassen

¿Qué fue el Primer Gran Despertar?

Antes de evaluar las *Marcas distintivas de una obra del Espíritu de Dios*, debemos tener una orientación general acerca de cómo fue el "Primer Gran Despertar". En su valioso tratado *Hacia una teología de avivamiento* (1998), Dorothy de Bullón explica que "El Primer Gran Despertar" empieza en 1727 con los moravos (Zinzendorf), luego pasa a Inglaterra y Gales bajo los ministerios de John Wesley (1703-1791), Jorge Whitefield (1714-1770) y Howell Harris en Gales. De allí el movimiento cruzó el Atlántico a las trece colonias de América anglosajona (Bullón: 14,15).

El pueblo de Northampton, en el estado de Massachussets, fue constituido por 200 familias. Edwards fue el tercer ministro de la iglesia. El primer ministro, Mather, fue ordenado en 1669. El segundo ministro, (Stoddard, abuelo de Edwards) ministró de 1672 al 1729, casi 60 años. Stoddard tuvo 5 "cosechas" o "tiempos de refrigerio" durante su ministerio; el último, 18 años antes de la publicación del documento "Narración de conversiones sorprendentes". La siguiente información está tomada de dicho documento escrito por Edwards mismo, escrito el 1 de noviembre, 1736. Vemos cómo Edwards nos da ciertas características del Primer Gran Despertar.

1. Edwards describe que después de la muerte de su abuelo, la juventud de la ciudad se caracterizó por la lascivia, la vida nocturna, las cantinas, prácticas sensuales, mucha frivolidad, noches enteras en fiestas. Hubo descuido del gobierno familiar. El comportamiento de la juventud fue "indecoroso". Edwards predicó un mensaje para corregir dichas deficiencias, y la respuesta fue muy positiva.

2. El detonante del avivamiento fue la muerte inesperada y repentina de uno de los jóvenes.

3. Edwards habla de la influencia creciente del pensamiento arminiano.

4. Hubo 6 conversiones en un solo culto.

5. El avivamiento produjo una adoración renovada.

6. Hubo 300 conversiones en el espacio de 1 año y medio. Fue entre 1734 y 1735.

7. Toda generación fue afectada.

8. Las personas fueron, de alguna manera, despertadas a la realidad en cuanto a su condición.

9. Hubo profunda conciencia de la pecaminosidad del corazón humano.

10. Hubo conciencia de la soberanía de Dios, y de la justicia de Dios en la condenación del pecador.

11. Muchos fueron envueltos en una profunda conciencia de la hermosura de Cristo y del plan de la salvación.

12. Hubo una intensificación en la búsqueda por las cosas de Dios y por Dios mismo.

13. Hubo una frescura en la predicación, acompañada por poder sobrenatural.
14. La gloria de Dios llegó a ser la preocupación primordial de los convertidos.
15. Hubo énfasis en la oración.

CONCLUSIÓN:

Hemos visto conveniente dar unos rasgos puntuales del primer gran despertar, para que el lector ubique los comentarios de Edwards acerca del avivamiento en su contexto histórico. Más adelante queremos, si Dios así ordena y permite, publicar un tratado más completo sobre el primer gran despertar escrito por Edwards mismo. Confiamos que el lector, al familiarizarse con el pensamiento analítico de Edwards, se anime a leer sus observaciones históricas sobre el avivamiento.

¿Por qué publicar algo en español sobre Edwards y el avivamiento?

1. Primeramente, porque hay mucha inquietud por el avivamiento en América Latina. Eso es hermoso, y un indicio de que Dios quiere hacer una obra nueva en nuestro medio. Para facilitar dicho proceso, estamos publicando este trabajo.
2. Segundo, Edwards es una autoridad sobre el avivamiento. Edwards fue protagonista y testigo del Primer Gran Despertar. El avivamiento fue duramente criticado. Edwards dedicó su mente brillante y su corazón apasionado por las cosas de Dios a una evaluación bíblica del avivamiento. Aplicó su conocimiento de la Biblia, la historia, la sicología bíblica, y de los hechos del avivamiento para defender y justificar la legitimidad del Primer Gran Despertar. Además, tiene otras credenciales que lo califica para hablar sobre el avivamiento.

3. Lamentablemente, Jonathan Edwards no es muy conocido en el contexto latino. Tal vez, algunos tienen referencia de él por su famoso sermón "Pecadores en las manos de un Dios airado". Posiblemente algunos tienen prejuicios contra Edwards por dicho sermón. Confiamos que esta publicación "llene un vacío" y sirva como una buena introducción a aquel siervo de Dios.

4. Específicamente, queremos tener una literatura profunda sobre el avivamiento para ir capacitando líderes en el mundo evangélico acerca de la dinámica, la teología, la historia, y la fenomenología del avivamiento. Aunque reconocemos que la lectura de Edwards no es "lectura fácil", creemos que el que persevera va a ser altamente premiado. Su manera de construir sus argumentos es a veces compleja y "tortuosa". Es de una época distinta (1703-1758). A veces su mente filosófica es difícil de comprender. El lector de Edwards en español tiene un doble desafío, porque además de los desafíos del lector en inglés, tiene que entender un trabajo traducido. Por eso, alentamos al lector a no darse por vencido.

¿Cómo ha sido el desarrollo de este proyecto?

1. Primeramente, era necesario definir el alcance de la obra. Los escritos de Edwards son inmensos. Decidimos enfocarnos en sus escritos sobre el avivamiento.

2. Tuvimos que trabajar con los dueños de copyright, Banner of Truth Trust, quienes dieron el permiso para publicar Edwards en español. Tuvimos que conseguir el permiso de otras publicaciones también.

3. Era necesario una financiación para reconocer el trabajo de los traductores. La misión con quien trabajo, la Misión Alianza Cristiana y Misionera, apoyó el proyecto, asignando fondos para los gastos de traducción, revisión, publicación y

distribución. Muchos traductores trabajaron por una remuneración muy por debajo del precio del mercado y algunos entregaron su trabajo completamente gratis. De esta manera hemos podido alcanzar al lector latino, literatura profunda a un precio módico.

4. Trabajamos con un equipo de traductores. Puesto que Edwards es tan difícil de comprender y traducir, revisamos el trabajo de los traductores con un equipo. El español ha pasado por 3 o 4 revisiones. Con todo, reconocemos que el trabajo no es perfecto, y pedimos al lector paciencia y tolerancia.

5. Luego, decidimos que era conveniente una contextualización y latinización de Edwards. Por eso decidí escribir unos comentarios aclaratorios y sugerir algunas preguntas de reflexión.

CONCLUSIÓN:

Confiamos que el Señor premie el esfuerzo y el sacrificio hecho por todo un equipo de personas. Nuestra motivación es servir al Señor para que el Nombre de Cristo sea enaltecido en el avivamiento de Su amada iglesia, de tal manera que resulte en un despertar espiritual de tal calibre que muchísimas personas sean incorporadas al cuerpo de Cristo. Avivamiento, evangelismo, misiones que conducen a un despertar espiritual que significa conversiones, todo para que el Nombre Dignísimo de Cristo sea enaltecido y glorificado. Esa es nuestra motivación.

¿Por qué el autor tiene interés en el avivamiento?

1. Primeramente, porque soy hijo de un avivamiento. Tanto mi esposa (Marilyn) como su servidor hemos sido profundamente tocados por el avivamiento de Canadá en los años 1970 y 1971. De hecho, estamos los dos sirviendo al Señor juntos, por 26

años, debido a su obra más profunda en nuestras vidas. Una persona que ha presenciado el avivamiento, y que ha sido tocado por la mano de Dios en el avivamiento, nunca es igual.

2. Tengo interés en el avivamiento porque, como todo creyente, anhelo ver la gloria del Señor. Creo que cada creyente tiene, con varios grados de intensidad, un anhelo de ver un avivamiento auténtico. Ciertamente, existe prejuicios y temores acerca del avivamiento. Sin embargo, la gran mayoría de los creyentes se identifican profundamente con las oraciones por el avivamiento y la renovación expresados en varias partes de las Escrituras, tales como:

   a. Habacuc 3:2 Oh Jehová, he oído tu palabra, y temí. Oh, Jehová, aviva tu obra en medio de los tiempos, En medio de los tiempos hazla conocer; En la ira acuérdate de la misericordia.

   b. Salmos 85:6 ¿No volverás a darnos vida, Para que tu pueblo se regocije en ti?

   c. Salmos 119:25 Abatida hasta el polvo está mi alma; Vivifícame según tu palabra.

3. En tercer lugar, tengo interés en el avivamiento porque Dios me ha dado un hambre y una pasión por el avivamiento. Dios ha utilizado mucho la lectura de los grandes avivamientos en la historia para despertar y fomentar mi pasión por el avivamiento. Además, la lectura de perfiles biográficos de hombres y mujeres de Dios, especialmente de aquellos que han sido instrumentos en el avivamiento ha despertado mucha inquietud en mi vida.

4. En cuarto lugar, en mi propia vida, deseo experimentar una renovación espiritual. Cuando profundizo las Escrituras, cuando leo la historia de la expansión de la iglesia, las biografías y autobiografías y luego considero mi vida espiritual, deseo ver una obra nueva de Dios en mi propia vida. Este peregrinaje parte de un hambre personal. Mi alma tiene sed de

Dios, del Dios viviente. El Salmo 42 expresa muy bien mi deseo personal: Salmos 42:1-2 dice "Como el ciervo brama por las corrientes de las aguas, Así clama por ti, oh Dios, el alma mía. Mi alma tiene sed de Dios, del Dios vivo; ¿Cuándo vendré, y me presentaré delante de Dios?"

5. El descubrimiento de Edwards fue para mí una experiencia muy positiva. El primer escrito de Edwards que "cayó" en mis manos fue su trabajo *Religious Affections* ("Los afectos religiosos"). Luego descubrí sus escritos sobre el Primer Gran Despertar, especialmente Su Obra *The Distinguishing Marks of a Work of the Spirit of God* ("Las marcas distintivas de una obra del Espíritu de Dios"). La lectura de Edwards fue para mí como un minero que encuentra grandes depósitos de oro fino.

6. En sexto lugar, deseo experimentar un auténtico avivamiento en mi ministerio. Quisiera ver, si Dios en su soberanía y beneplácito así lo ordena, fruto, más fruto, mucho fruto y fruto que permanece (Juan 15) para que el Padre sea glorificado en un ministerio fructífero (Juan 15:8).

7. La experiencia ministerial en el contexto de Perú al Encuentro con Dios y Lima al Encuentro con Dios desde 1981 me ha sido muy enriquecedora. He visto como el evangelismo agresivo y el énfasis en el iglecrecimiento combinado con el discipulado y la formación del liderazgo han dado resultados contundentes. Sin embargo, he observado una profunda necesidad de la renovación de una dinámica espiritual.

8. Tuve el privilegio de dictar una clase en Canadian Theological Seminary (Seminario Teológico de la Alianza Cristiana y Misionera en Canadá) en dos semestres durante el año académico 1999-2000 y 2000-2001. Estudiamos el pensamiento de Edwards sobre el avivamiento. Fue una experiencia muy positiva, y profundamente desafiante.

9. Finalmente, cuando considero los desafíos en el campo misionero, deseo ver un avivamiento. Aun un estudio ligero de

la historia de las misiones muestra la certeza de la siguiente tesis: Como el descubrimiento del principio de la combustión interna produjo la revolución industrial, así el descubrimiento o redescubrimiento de los principios de la combustión interna del Espíritu Santo en el avivamiento produce y producirá la revolución industrial del evangelismo y las misiones. No hay manera de cumplir la Gran Comisión sin el poder pleno del Espíritu Santo. Y el avivamiento tiene muchísimo que ver con el Espíritu Santo.

CONCLUSIÓN:

Creo que el anhelo básico del hijo de Dios es el de la máxima manifestación de la gloria de Dios. Vivimos para la gloria de Dios. Nuestra ambición más profunda es: 'Enaltecido sea Dios'. Y sinceramente creemos que la Biblia enseña y la historia confirma, que el avivamiento auténtico, el avivamiento desde el trono de Dios, es lo que genera y redunda para la gloria de Dios.

Avivamiento genuino produce adoración renovada, que capacita al creyente a dar gloria a Dios. Avivamiento genuino produce vidas espirituales transformadas, que nos permita vivir en victoria y en santidad, y eso en sí trae gloria a Dios. Avivamiento genuino produce fervor evangelístico y pasión misionera, que resulta en la conversión de almas. Y Dios es glorificado en la conversión del hombre perdido. Avivamiento genuino produce transformación social, y Dios es glorificado cuando somos luz y sal en la sociedad. El avivamiento genuino produce reconciliaciones entre hermanos distanciados. Dios es glorificado en la unidad del cuerpo de Cristo, sea micro o macro, sea la pareja, la familia, la iglesia local o las denominaciones. En medio de la diversidad, Dios quiere una unidad espiritual que llame la atención al mundo de que efectivamente Jesucristo fue enviado por el Padre y que Él mismo es la salvación (Juan 17). Dios es glorificado en eso. Por estas y

muchas otras razones, anhelo, y estoy seguro de que la gran
mayoría de mis lectores anhelan el avivamiento genuino.

QUE ASÍ SEA.

Amén.

Hacia una definición bíblica y teológica del avivamiento

Avivamiento: En una traducción y ensayo sobre Edwards que
enfatiza tanto el avivamiento, debemos asegurarnos que estamos
"en la misma página" con Edwards, es decir, que entendemos bien
lo que entiende Edwards por avivamiento:

1. La Biblia utiliza varias figuras y términos para referirse al
   avivamiento. Tenemos el concepto de una tierra sanada[1], una
   paciente que se recupera[2], volver a tener vida[3], volver de

---

[1] **2º Crónicas 7.13–14** "Si cierro los cielos para que no haya lluvia, o si
mando la langosta a devorar la tierra, o si envío la pestilencia entre Mi pueblo, y
se humilla Mi pueblo sobre el cual es invocado Mi nombre, y oran, buscan Mi
rostro y se vuelven de sus malos caminos, entonces Yo oiré desde los cielos,
perdonaré su pecado y sanaré su tierra.
[2] **Job 11.13–20** Si diriges bien tu corazón Y extiendes a El tu mano, Si en tu
mano hay iniquidad *y* la alejas *de ti* Y no permites que la maldad more en tus
tiendas, Entonces, ciertamente levantarás tu rostro sin mancha, Estarás firme y no
temerás. Porque olvidarás *tu* aflicción, Como aguas que han pasado *la* recordarás.
Tu vida será más radiante que el mediodía, *Y hasta* la oscuridad será como la
mañana. Entonces confiarás, porque hay esperanza, Mirarás alrededor y te
acostarás seguro. Descansarás y nadie *te* atemorizará, Y muchos buscarán tu favor.
Pero los ojos de los malvados languidecerán, Y no habrá escape para ellos; Su
esperanza es dar su último suspiro."
[3] **Salmo 85.6** ¿No volverás a darnos vida Para que Tu pueblo se regocije en
Ti?

cautiverio[4], cambio de estación, del invierno a primavera[5], "vivificar"[6], el romperse de los cielos[7], la presencia del fuego abrasador[8], la resurrección de huesos secos[9], la figura de medicina y curar[10], "tiempos de refrigerio"[11], la lluvia temprana y tardía[12] y volver al "primer amor"[13].

2. Edwards dice que "la característica de un avivamiento es una profunda conciencia del pecado y de necesidad que es

---

[4] **Salmo 126.**1–2 Cuando el Señor hizo volver a los cautivos de Sion, Éramos como los que sueñan. Entonces nuestra boca se llenó de risa, Y nuestra lengua de gritos de alegría; Entonces dijeron entre las naciones: "Grandes cosas ha hecho el Señor con ellos."

[5] **Cantares 2.**10–13 Mi amado habló, y me dijo: 'Levántate, amada mía, hermosa mía, Y ven conmigo. 'Pues mira, ha pasado el invierno, Ha cesado la lluvia *y* se ha ido. 'Han aparecido las flores en la tierra; Ha llegado el tiempo de podar *las vides,* Y se oye la voz de la tórtola en nuestra tierra. 'La higuera ha madurado sus higos, Y las vides en flor han esparcido *su* fragancia. ¡Levántate amada mía, hermosa mía, Y ven conmigo!' "

[6] **Isaías 57.**15 Porque así dice el Alto y Sublime Que vive para siempre, cuyo nombre es Santo: "Yo habito *en* lo alto y santo, Y *también* con el contrito y humilde de espíritu, Para vivificar el espíritu de los humildes Y para vivificar el corazón de los contritos. **Salmo 138.**7 Aunque yo ande en medio de la angustia, Tú me vivificarás; Extenderás Tu mano contra la ira de mis enemigos, Y Tu diestra me salvará.

[7] **Isaías 64.**1–2 ¡Oh, si rasgaras los cielos *y* descendieras! Si los montes se estremecieran ante Tu presencia (como el fuego enciende el matorral, *como* el fuego hace hervir el agua), Para dar a conocer Tu nombre a Tus adversarios, *Para que* ante Tu presencia tiemblen las naciones!

[8] **Isaías 64:1-2.**

[9] **Ezequiel 37:1-14.**

[10] **Oseas 6.**1–2 "Vengan, volvamos al Señor. Pues Él *nos* ha desgarrado, pero nos sanará; *Nos* ha herido, pero nos vendará. Nos dará vida después de dos días, Al tercer día nos levantará Y viviremos delante de El.

[11] **Hechos de los apóstoles 3.**19 "Por tanto, arrepiéntanse y conviértanse, para que sus pecados sean borrados, a fin de que tiempos de alivio vengan de la presencia del Señor.

[12] **Santiago 5.**7 Por tanto, hermanos, sean pacientes hasta la venida del Señor. Miren *cómo* el labrador espera el fruto precioso de la tierra, siendo paciente en ello hasta que recibe *la lluvia* temprana y *la* tardía.

[13] **Apocalipsis 2.**4–5 "Pero tengo *esto* contra ti: que has dejado tu primer amor. "Recuerda, por tanto, de dónde has caído y arrepiéntete, y haz las obras que hiciste al principio. Si no, vendré a ti y quitaré tu candelabro de su lugar, si no te arrepientes.

producida en muchas personas simultáneamente por una conciencia de Dios" (Murray: 130). El avivamiento era "una abundante efusión del Espíritu Santo sobre todas las iglesias y toda la tierra habitable, para avivar la verdadera religión en todas partes de la cristiandad y liberar todas las naciones de sus calamidades y miserias espirituales, grandes y múltiples".

3. Para estimular la reflexión teológica sobre el avivamiento, hemos incluido algunas definiciones a continuación. El lector despierto se dará cuenta que dichas definiciones representan varias presuposiciones teológicas. Es preciso analizar bíblicamente dichas definiciones y acercarnos a una teología de avivamiento.

   a. "El avivamiento es un tiempo cuando los Cristianos son restaurados a su primer amor... cuando tantos cambios son realizados en las vidas de los creyentes que los pecadores vienen a Cristo en grandes números. Avivar es volver a un estado de salud y vigor, florecer de nuevo después de un período de declinación, volver a ser útil, llegar a ser válido, eficaz y operativo de nuevo" (Will Bruce).

   b. Avivamiento es la presencia de Dios intensificada (plena) y los propósitos de Dios acelerados (realizados) (David Bryant).

   c. "Un avivamiento consiste en el retorno de la iglesia de su estado de alejamiento", "un avivamiento es nada más que el uso correcto de los medios apropiados" y "algo que el hombre puede hacer". Finalmente, para Finney el avivamiento es "nada más ni nada menos que una nueva obediencia al Señor" (Carlos Finney).

   d. El avivamiento es una nueva llenura, un nuevo derramamiento del Espíritu. El día de Pentecostés es un prototipo, un modelo que se repite (Martyn Lloyd-Jones).

e. El avivamiento es cuando la pureza de Dios se manifiesta, el pueblo de Dios se vivifica (en una manifestación de gozo y vitalidad) y los de afuera entran diciendo "verdaderamente Dios está entre vosotros" (Hechos 2:41,47; 1 Cor. 14:25) (J. I. Packer).

f. Avivamiento es "el influjo del Espíritu en un cuerpo que amenaza convertirse en cadáver" (D. M. Panton).

g. El avivamiento es como un cohete que nos introduce nuevamente a la órbita del cristianismo (C. Simpson).

h. El avivamiento es el hombre que se retira al trasfondo porque Dios se ha manifestado. Es el Señor cuando desnuda su santo brazo (Is. 52:10) obrando con poder extraordinario sobre el santo y sobre el pecador (Arthur Wallis).

i. El historiador y erudito sobre los avivamientos, J. E. Orr, enfatiza que el avivamiento tiene que ver principalmente con el pueblo de Dios, el verdadero creyente regenerado que se ha alejado de su primer amor, Cristo. El despertar tiene que ver con el impacto del avivamiento en el mundo de los inconversos, inclusivo en la reforma social. El primero es la causa del segundo.

CONCLUSIÓN:

Estas definiciones y referencias bíblicas deben ser integradas en una teología del avivamiento. Sin embargo, esto no es el alcance de la presente obra. Recomendamos el libro *Teología Bíblica del Avivamiento* por Ropero y Hughes (Editorial Clie), 1999.

Introducción al trabajo presente: *Un Avivamiento verdadero: Las marcas de la obra del Espíritu Santo*

1. El avivamiento durante el ministerio de Edwards fue duramente criticado. Hubo muchos pretextos para su rechazo.

2. Edwards, como protagonista y testigo del obrar de Dios, escribió una obra titulada *Las marcas distintivas de una obra del Espíritu de Dios*. Dio el mensaje a la Universidad de Yale, a su alma máter con motivo de la ceremonia de graduación.

3. En dicho discurso, procede a enumerar 9 "señales neutrales" o "señales ambiguas" (inciertas) o "criterio erróneo" para discernir si una obra es o no es del Espíritu de Dios. Utilizó este método para criticar a algunos que rechazaron el avivamiento apelando a criterio equivocado.

4. Luego, Edwards elaboró las 5 "señales positivas" o "señales no ambiguas" (señales verdaderas) o "criterio acertado" para discernir si una obra es, o no es, del Espíritu de Dios.

5. Finalmente, Edwards aplicó las 5 "señales no ambiguas" al caso del Primer Gran Despertar. A pesar de haber algunas anomalías, algo de fenomenología, etc. Edwards demuestra que las señales auténticas indican claramente que la obra es de Dios. No por eso Edwards avala las irregularidades. Él trata de explicar dicha fenomenología apelando a argumentos bíblicos, e históricos y a razonamientos humanos para mostrar que una obra auténtica del Espíritu de Dios puede coexistir juntamente con algunos elementos inusuales, como el trigo y la cizaña.

6. Presentamos la obra de Edwards a la comunidad evangélica porque consideramos que su sabiduría es muy vigente para el contexto latinoamericano, en el siglo XXI.

Algunas breves explicaciones para facilitar la lectura de esta obra

1. Lo que ustedes tienen a continuación es principalmente un trabajo de traducción de Edwards.

2. Hemos incluido unos comentarios al pie de la página cuando lo hemos considerado que era necesario, a fin de aclarar algo de índole histórico, o cuando hemos querido hacer hincapié en algo que Edwards estaba desarrollando. En algunos casos (raros) discrepamos con Edwards.

3. A veces, para promover una investigación más profunda, hemos añadido una pregunta de reflexión o de investigación.

DEDICACIÓN

Sin más preámbulo, queremos dedicar esta obra a la gloria del Dios Trino. Edwards nació en el año 1703. El año 2003 es el tricentésimo aniversario de su nacimiento; es un buen momento presentar Edwards al lector latino. Confiamos que algunos lectores, al meditar en los principios que Edwards está exponiendo, sean avivados en su propia vida espiritual, y profundamente capacitados para ser instrumentos equilibrados, abiertos, sabios, con mucha templanza, en fin, útiles al Señor en el ministerio como protagonistas de un avivamiento que trae mucha gloria a Dios.

INTRODUCCIÓN:

JONATHAN EDWARDS

SOBRE EL AVIVAMIENTO

EN EL MUNDO ESPAÑOL

Y LATINO

Dr. Ernest Klassen

¿Cuál era el título de la obra original de Edwards?[1] Respire hondo. En el siglo XVIII creyeron en títulos largos:

Las marcas distintivas de una obra del Espíritu de Dios aplicado a aquella operación no muy común que recientemente se ha

---

[1] El presente trabajo es principalmente una traducción de los pensamientos de Jonathan Edwards sobre el avivamiento en su época, conocido por los historiadores de los avivamientos como El Primer Gran Despertar. El editor, Ernie Klassen, dialoga con Edwards, a través de anotaciones al pie de la página y preguntas de reflexión al final de cada capítulo. El propósito del diálogo es aplicar los principios del avivamiento, escrito en otra época (1735-1745), en otras latitudes (la parte este de los Estados Unidos) a los tiempos actuales en el contexto español y latino. A menos que se indique lo contrario, las notas son autoría del Dr. Klassen.

manifestado sobre las mentes de muchos de la gente de Nueva Inglaterra con una consideración particular a las circunstancias extraordinarias con que esta obra ha sido atendida.

El libro trata sobre cómo discernir si una manifestación espiritual es de Dios o no, cuáles son y cuáles no son los criterios para determinar si una obra es del Espíritu de Dios o no. En suma, el trabajo evalúa criterios que algunos utilizan para rechazar un avivamiento, y cómo a veces se equivocan. Otros apelan a cierto criterio para afirmar que dicha manifestación es de Dios y a veces también se equivocan.

En medio de anomalías e irregularidades, el trabajo trata de establecer cuáles son las características "sine qua non" (indispensables) para que haya avivamiento auténtico; es decir, Edwards intenta identificar elementos esenciales de un avivamiento auténtico.[2]

El trabajo evalúa el Primer Gran Despertar (1735-1745) y el ministerio de Jonathan Edwards. Edwards escribió mucho sobre el avivamiento y gran parte del trabajo es una traducción de sus pensamientos, combinado con unos comentarios que aplican sus pensamientos al contexto español y latino.

Una oración: Espero que a través de la lectura de Edwards y de mis reflexiones acerca de Edwards, el Señor se plazca en derramar su Espíritu Santo, trayendo el avivamiento, sea personal o sea corporativo, sea local o más allá de la iglesia local. Que Dios use estos pensamientos para generar un avivamiento genuino que glorifique a Dios en una iglesia avivada y renovada y un mundo despierto.

Dios, tres veces Santo, utiliza este trabajo de traducción y reflexión para la edificación y el avivamiento auténtico de tu iglesia en el

---

[2] La expresión en Latín "sine qua non" significa "indispensable", literalmente "sin la cual, nada".

mundo latino, para que Tu Nombre, Oh Santo y Trino Dios, sea glorificado en la adoración y la santificación del creyente y la conversión del inconverso. En el Nombre de Jesús, Amén.

RESEÑA BIOGRÁFICA DE JONATHAN EDWARDS: PASTOR, EVANGELISTA, TEÓLOGO, AVIVADOR, FILÓSOFO, EDUCADOR

Dr. Ernest Klassen

A. Principal información biográfica[1]

Año	Edad	Acontecimiento
1703	--	Nace.
1709	06	Aprende latín.
1716	13	Ingresa a la Universidad de Yale.
1716	13	Escribe un tratado científico sobre arañas.

---

[1] Fuente Principal: lain H. Murray, *Jonathan Edwards, a New Biography* (Carlisle, PA: The Banner of Truth, 1987). Revisado por Julia Antonieta Carbajal G. Revisado en España por Carles Berdegué Font).

1717	14	Estudio de Locke "Entendiendo lo concerniente al humano".
1720	17	Se gradúa de la Universidad de Yale.
1722	19	Primeros escritos... sus famosos votos (Apéndice #2).
1734	31	Principia "El avivamiento".
1740	37	Escribe una narrativa fiel "Las obras sorprendentes de Dios".
1741	38	Whitefield llega a América.
1741	38	"Marcas distintivas" (Predicado en Yale en la ceremonia de graduación).
1741	38	Predica "Pecadores en las manos de un Dios airado" en Enfield.
1742	39	"Algunos pensamientos concernientes al presente avivamiento religioso".
1742	39	Crítica sobre "Orgullo espiritual".
1746	43	"Afectos religiosos".
1747	44	Brainerd muere en la casa de Edwards
1749	46	Requisitos para la 'comunión'
1750	47	Termina su pastorado en Northampton
1751	48	Asume el pastorado y misión en Stockbridge
1754	51	Escribe en cinco meses "La libertad de la voluntad"
1758	54	Muere repentinamente el 22 de marzo. Ver epitafio

B. Principales escritos

- "Un humilde intento para promover un acuerdo explícito y visible de la unión de Dios y su gente en una oración extraordinaria para el avivamiento religioso y el avance del reino de Cristo"
- "Narrativa fiel"

- "Marcas distintivas"
- "Afectos religiosos"
- "Libertad de la voluntad" (monumento de la Filosofía norteamericana)

C. Contribuciones más importantes

- Confrontó y desafió la pérdida del poder espiritual del movimiento renovado entre los puritanos.
- Se opuso a la invasión humanística iluminada
- Principal instrumento en la iniciación del Primer Gran Avivamiento
- Principal instrumento defendiendo el avivamiento
- Integrador del pensamiento racional y fervor espiritual (corazón y mente)

Jonathan Edwards es un reconocido hombre de Dios. Su vida y pensamiento me han afectado más que los de ninguna otra persona fuera de la Biblia. Nos enfocaremos en su vida, pensamiento y trascendencia con especial atención debido a su contribución y reflexión teológica sobre avivamiento.

La vida y época de Jonathan Edwards

Edwards debe ser entendido en el amplio contexto del puritanismo calvinista reformado. Nació en Nueva Inglaterra, 83 años después del arribo de los peregrinos puritanos y creció viendo cómo el "espíritu soñador" influenciaba en la comunidad religiosa de su época. El fervor inicial de los puritanos había sido eclipsado por una paz relativa, la prosperidad y la ausencia de persecución.[2] El

---

[2] Iain H. Murray, *Jonathan Edwards, a New Biography* (Carlisle, PA: The Banner of Truth, 1987), 4.

pensamiento arminiano y liberal invadía rápidamente las iglesias. El fervor evangélico menguó.

Parecía que Dios había preparado providencialmente a su siervo para ser uno de los principales instrumentos en el Primer Gran Avivamiento. Parte de esta preparación providencial incluyó su trasfondo. Su padre fue el que más influenció en su formación, quizás porque fue el único hijo entre diez hermanas. Con un énfasis fuerte en su educación, Jonathan aprendía latín cuando tenía solamente siete años y estaba inmerso en la obra filosófica *Ensayo sobre el entendimiento humano* de John Locke cuando tenía catorce años. Este prodigio intelectual fue expuesto a una cálida formación espiritual evangélica en su casa, Lo cual fue la base para su futuro.[3] Sin embargo, como estudiante de pregrado advirtió que la frustración del orgullo y la vanidad estaban profundamente arraigados en él y por esto se dio cuenta de que él necesitaba liberación personal.[4]

Conversión

Tuvo un encuentro profundo con 1ª Timoteo 1:17, que produjo como resultado su conversión, he aquí "Vino dentro de mi alma y fue como si se hubiera dispersado un sentir de la gloria de un Ser Divino".[5] Con todo esto, él no entendió que esta fuera una virtud salvadora, aunque en su ser fue infundida un hambre tremenda de meditar sobre Cristo, en particular... "...sobre la belleza y excelencia de Su persona".[6]

---

[3] Ibid., 12.
[4] Ibid., 33.
[5] Ibid., 35. Para más detalles, consulta Apéndice #1.
[6] Ibid., 36.

El sentir que tenía sobre las cosas divinas frecuentemente era como si se encendiera inesperadamente un ardor en mi alma que no sé cómo expresar.[7] Esto llevaba a una búsqueda de Dios que culminaba en un sentir tan dulce y abrasador de la Majestad Gloriosa y la gracia de Dios. La apariencia de cada cosa era cambiada, tuve sentimientos vehementes de mi alma hacia Dios y Cristo y después más santidad dentro de mí, mi corazón parecía estar tan lleno que pronto iba a explotar. Estaba en una constante oración dondequiera que me encontraba. Los deleites que sentía con estas experiencias espirituales fueron extremadamente diferentes a aquellas otras que yo había mencionado anteriormente y que tuve de niño.[8]

Esto sucedió cuando Edwards tenía 19 años de edad en el año 1722. Edwards ejemplificó profundamente lo que también enseñó; que el creyente debería buscar apasionadamente a Dios.

Las Escrituras por doquier representan la búsqueda, lucha y labor del cristiano como lo principal después de su conversión y su conversión como apenas el principio de su obra. Casi todo lo que está escrito en el Nuevo Testamento sobre hombres que luchan, se cuidan y se esfuerzan corriendo la carrera que está frente a ellos, luchando y agonizando, peleando no contra carne y sangre, sino contra principados y poderes de las tinieblas, poniéndose toda la armadura de Dios, peleando firmes con la mira hacia adelante, alcanzando en oración continua a Dios día y noche; yo digo que casi todo esto, que está escrito en el Nuevo Testamento acerca de todas estas cosas, ha sido dicho y dirigido a los santos.[9]

Las 70 resoluciones

---

[7] Ibid., 36.
[8] Ibid., 37.
[9] Ibid., 260.

Edwards estaba trabajando para completar su maestría en la Universidad de Yale. Fue durante este tiempo que escribió sus 70 famosas "resoluciones".[10] Providencialmente, después de un corto pastorado en New York donde experimentó un ardiente hambre de Dios, terminó su Maestría (1723) y fue electo como tutor.[11] Él continuó estudiando a Locke, de quien derivó su placer más grande que aquel "del más miserable materialista que se encuentra con las manos llenas de oro y plata".[12] Durante este tiempo, él es invitado a ser el asistente del venerado Salomón Stoddard, pastor titular de la iglesia de Northampton, quien demostró ser un mentor muy poderoso. Stoddard experimentó cinco "cosechas" (1679, 1683, 1696, 1712, 1718).

Stoddard creía que, "algunas personas, dando por sentado el conocimiento cristiano y la vida digna, pensaban que no se les debía exigir ninguna cosa adicional para llegar a ser buenos participantes de la Santa Cena",[13] también conocidos como los "medio guardadores del pacto".[14]

Edwards eventualmente adquirió una posición respecto a la "Santa Cena de creyentes" que le causó mucha dificultad y finalmente, la pérdida de su pastorado. Edwards fue ordenado en 1726, se casó en 1727 y asumió la posición de pastor principal en 1729.

Su relación con su esposa Sarah

---

[10] Vea el apéndice 2.
[11] Ibid., 55.
[12] Ibid., 64.
[13] Ibid., 89.
[14] Keith J. Hardman, *Seasons of Refreshing: Evangelism and Revivals in America* (Grand Rapids, MI: Baker Books, 1994), 36.

Con respecto a su "unión no común" con Sarah Pierrepont, mucho se puede decir.[15] Frecuentemente el papel de una mujer de Dios en la biografía de tan eminente figura histórica es fácilmente ignorado. Este es el más desafortunado caso en la vida de Jonathan y Sarah. El trasfondo de ella era de los más aristocráticos y hay evidencias contundentes para pensar que ella era la fortaleza de la casa, puesto que él se dedicaba 13 horas diarias a la preparación teológica y de los sermones.

Sarah fue la más profundamente afectada por el gran avivamiento; y los estudiosos creen que Jonathan usó su ejemplo como un caso de estudio para demostrar las virtudes de un avivamiento auténtico. En toda la literatura que he leído con respecto a experiencias religiosas, muy poco se cuenta de la descripción del caminar espiritual de Sarah con Dios. Esto por sí solo es un tributo explícito y significativo a la integridad espiritual de Jonathan. Las últimas palabras escritas que tenemos de Jonathan Edwards son un tributo, dirigidas hacia su esposa, que tocan el corazón.

> Dale mi cariñoso amor a mi querida esposa y dígale que la unión no común que ha sido muy larga entre nosotros es de tal naturaleza, que yo creo que es espiritual y que por esto continuará por siempre.[16]

Crisis personal

Mientras pastoreaba su segunda iglesia, Edwards entró en un profundo "valle de humillación" donde vino a darse cuenta, de una manera profunda, de su depravación personal interior. Él usa la palabra "aborrecer" para describir su propia autoestima.

---

[15] Mark H. Tuttle, ed. Christian History Magazine, Vol. IV.4 *Jonathan Edwards and the Great Awakening.* (Christian History Institute: 1985), 15.

[16] Mark H. Tuttle, ed. Christian History Magazine, Vol. IV.4 *Jonathan Edwards and the Great Awakening.* (Christian History Institute: 1985), 17.

Cada pensamiento de cualquier gozo subiendo dentro de mí, sobre cualquier consideración de mi propia falta de amabilidad, actuación o experiencia, o cualquier bondad de mi vida y corazón es nauseabundo y detestable para mí. Y así todavía soy afligido en gran manera por un orgullo y espíritu de sobreestima, mucho más sensible de lo que era antes.[17]

Parece que esta fue la hora más obscura, previa al amanecer del Gran Avivamiento, cuando Dios quebrantó "el espíritu soñador". Edwards y otros se quejaron de la pasividad espiritual en sus congregaciones y comunidades.[18] Había un grado considerable de contención y riñas entre los santos.

La contención es directamente contraria a la suma de todo lo esencial que distingue al cristianismo verdadero y al espíritu de paz y amor. Por lo tanto, nos damos cuenta de que el Cristianismo no puede florecer en un ambiente de lucha y contención entre los creyentes. No puede ser que religión y contención vayan unidas.[19]

El Primer Gran Despertar

La predicación muerta estaba produciendo creyentes muertos. Mucha luz, pero poco calor. En este contexto, Dios envió el Gran Avivamiento con una "cosecha" en 1736 ("Narrativa de sorprendentes conversiones") y luego en 1740 y 1741. Whitefield demostró ser el evangelista clave al iniciar numerosos "despertamientos" entre los inconversos y muchos creyentes también fueron avivados en su fe. Fue en este contexto que

---

[17] Iain H. Murray, *Jonathan Edwards, a New Biography* (Carlisle, PA: The Banner of Truth, 1987), 104.
[18] Ibid., 125.
[19] Ibid., 372.

Edwards volvió a predicar su famoso sermón titulado *Pecadores en las manos de un Dios airado.*[20] La propia esposa de Jonathan fue poderosamente reavivada y afirmada en su caminar espiritual y logró adquirir una certeza sobrenatural de su intimidad con Dios.[21] Sin embargo, surgió mucho escepticismo acerca del avivamiento en sí. A manera de defensa, Edwards escribió: *Las marcas que distinguen la obra del Espíritu Santo de Dios* (1741) dirigida a los graduados de la Universidad de Yale. Más tarde, vinieron *Algunos pensamientos concernientes al presente avivamiento religioso en Nueva Inglaterra* en 1742, luego un tercer análisis crítico del avivamiento, en lo que muchos consideran su obra culminante, *Afectos Religiosas.* Ninguno dio otro análisis de reflexión teológica sobre el tema de sicología de la religión como Edwards lo hizo. Meditaremos acerca de algunos de sus pensamientos sobre avivamiento en el siguiente fragmento de este escrito.

Esencialmente, Edwards, un genio filosófico de primer orden, altamente entrenado y bien preparado en teología racional y filosofía, convocó una defensa de la religión experimental, con una postura que unifica mente y corazón. Las dos tienen que ir juntas.

Durante el desarrollo de su teología de la conversión, Edwards llegó a la convicción que solamente los creyentes regenerados genuinamente participarían de la Santa Cena. El anterior patriarca de la Iglesia, Stoddard, había enseñado lo contrario y esto molestó a algunos nominalistas indiferentes. Esto resultó ser el "pararrayos" de la tormenta que quebrantó su iglesia, y le costó gran sufrimiento y dolor. En su mensaje de despedida, Edwards hizo referencia a lo siguiente: "Sea la recién contienda acerca de los términos de la Santa Cena, así como ha sido la más grande, sea la última".[22]

---

[20] Ibid., 168.
[21] Ibid.,195-196.
[22] Mark H. Tuttle, ed. Christian History Magazine, Vol. IV.4 *Jonathan Edwards and the Great Awakening.* (Christian History Institute: 1985), 4.

Edwards aceptó el llamado para ser misionero en Stockbridge ministrando a la comunidad de los indios; y fue en estos años de declinación de su ministerio que Edwards produjo algunos de sus grandes escritos teológicos, incluyendo *La libertad de la Voluntad.* Él estuvo también en el proceso de escribir una obra extensa de teología combinada con un análisis histórico profundo titulado *La Historia de la Redención.* Desdichadamente, su vida fue muy corta, y Edwards murió a causa de una vacuna contra la viruela que le produjo complicaciones.

Los pensamientos de Edwards

Es muy difícil sobreestimar la profundidad y la anchura de los pensamientos de Edwards. Su epitafio dice:

En la agudeza de su intelecto, su juicio sagaz y su prudencia no habría una segunda entre ninguno de los mortales. En su conocimiento brillante de ciencia y arte liberal, en criticismo eminentemente sagrado y un teólogo distinguido sin igual.

Sus escritos deben ser leídos despacio, meticulosamente y en oración para entender su profundidad. En filosofía, él ha sido juzgado "El pensador más profundo, y el mejor teólogo, en mi opinión, que América ha producido".[23] Una opinión más reciente por uno de los gigantes intelectuales, Warfield, dice:

---

[23] Samuel Davies, *Memoir of the Rev. Samuel Davies* (Boston: Massachusetts Sabbath School, 1832), 87.

Jonathan Edwards, santo y metafísico, avivador y teólogo, se mantiene como una de nuestras figuras reales más grandes en la vida intelectual de la América colonial"[24]

Personalmente ninguno ha escrito tal pensamiento incisivo sobre la psicología de la religión desde la perspectiva bíblica y evangélica como Edwards. Él tuvo un inmenso intelecto al igual que su corazón. Sería muy difícil acertar si el fervor y la pasión espiritual de Edwards, mezclados con prudencia y sabiduría fueron sobrepasados por su teología lúcida e intuición filosófica. Edwards combinó su cabeza con su corazón.[25]

Para poder apreciar su fértil y prolífero cerebro, si lee el inglés, se puede consultar *Las obras de Jonathan Edwards*, dos volúmenes "pesados" (sin la intención de juego de palabras) haciendo un total de 1,658 páginas de letra muy pequeña. Por otro lado, para poder apreciar su productividad, uno puede explorar todas las obras de Edwards en una página web dedicada a la tarea de preservar y difundir el pensamiento de Edwards.[26]

Sus reflexiones sobre el criterio para discernir entre lo verdadero y lo falso son dignas de una atención especial. Su mensaje sobre *Las marcas que distinguen la obra del Espíritu Santo* nos da un buen ejemplo de su sabiduría, prudencia, apertura y discernimiento del espíritu, criterio para discernir si una manifestación o avivamiento es de Dios o no. Él habló de las "no señales" o "falso criterio" para determinar si una obra era de Dios o no. Edwards criticó a aquellos que inmediatamente aprobaron o inmediatamente rechazaron un movimiento supuestamente de Dios basado, en su opinión, fuera del criterio bíblico.

---

[24] Benjamin Warfield, citado en: Iain H. Murray, *Jonathan Edwards, a New Biography* (Carlisle, PA: The Banner of Truth, 1987), xvii.
[25] Mark H. Tuttle, ed. Christian History Magazine, Vol. IV.4 *Jonathan Edwards and the Great Awakening.* (Christian History Institute: 1985), 35.
[26] Ver: http://edwards.yale.edu/research

Él afirmó que las "no señales" simplemente no proveyeron un paradigma adecuado para rechazarlo o aceptarlo. Por lo tanto, él designó como "no señales" las que fueran una extraordinaria obra, manifestaciones físicas, exaltaciones, imaginaciones vívidas, testimonios contagiosos, extremos, ilusiones, apostasía y predicación ferviente. Todos estos "fenómenos" no son indicadores conclusivos, de una manera u otra, de la naturaleza de la obra. Entonces Edwards – procedió a delinear lo que consideraba ser las "sí señales", criterio válido para acertar si una obra particular fuera de Dios o no. El afirmó que cuando uno tiene la exaltación de Jesús, la frustración del reino de las tinieblas, un inmenso amor por las Escrituras, el Espíritu de Verdad y una efusión de amor, entonces uno tiene una auténtica obra de Dios, con o sin el acompañamiento de las "no señales."

El genio de Edwards es su habilidad de discernir y guiar ministros en este proceso de discernimiento, una ciencia y arte que se necesitaba desesperadamente en el ministerio, especialmente durante los tiempos de avivamiento y renovación de la Iglesia.

Influencia de Edwards

Edwards ha tenido una influencia incalculable sobre el evangelismo inglés. Un erudito llamado Erskine puso los escritos de Edwards al alcance de los bautistas ingleses; tales obras moldearon el pensamiento de los hombres que se reunieron a orar desde 1784 "para el avivamiento general y esparcimiento de la religión."[27]

---

[27] Los bautistas ingleses a los que se refiere en esta sección el Dr. Klassen son primariamente aquellos que conformaban el nucleo de la "Sociedad de Pastores", liderada por Andrew Fuller. Quizá más que ningún otro, fue Andrew Fuller quien tomo las conjeturas filosóficas de Edwards en *La Libertad de la voluntad* y *Afectos religiosos*, para la promoción de las misiones, asi como para escribir su obra magna *El Evangelio para todos los hombres*. En esta obra Fuller aplica los conceptos teologicos de Edwards al Evangelismos y las misiones. [Nota de Jaime D. Caballero].

Fueron estos bautistas ingleses quienes republicaron el libro "un intento humilde de Edwards para promover oración extraordinaria" en 1789, y enviaron a William Carey a la India en 1793. Por lo menos un volumen de Edwards fue con Carey en este histórico viaje".[28]

El famoso misionero a los nativos norteamericanos, David Brainerd, estuvo sus últimos días en la casa de Edwards y le confió sus cartas y su diario, diciéndole que los distribuyese como pensare que sirviere para el más alto interés de la religión para la Gloria de Dios.[29] Edwards los publicó en *Una Cuenta y la Vida del Reverendo Señor David Brainerd*. Según Murray, si el libro de Edwards *Un intento humilde* [Humble Attempt] promovía de intercesión, pocos libros lo han hecho para promover oración y acción como el libro *La vida de Brainerd*.[30]

En el impacto del libro sobre A.J. Gordon, leemos "Cuando cerramos el libro no estamos alabando a Brainerd, sino que nos condenamos y hacemos que por la Gracia de Dios seguiremos de cerca a Cristo en el futuro".[31] En círculos misioneros el ejemplo de Brainerd ha sido incalculable y estamos en deuda con Edwards por esta herencia.

Edwards ha dejado sus huellas en el pensamiento de los calvinistas reformados norteamericanos, el cual continúa ejerciendo una influencia considerable sobre muchos de los líderes y teólogos evangélicos. Pensar en estudiar la teología americana sin entender a Edwards sería un grave error. Su contribución filosófica y teológica para el entendimiento de la voluntad continúa sintiéndose en este siglo veintiuno. Esto viene a ser evidente cuando

[28] Iain H. Murray, *Jonathan Edwards, a New Biography* (Carlisle, PA: The Banner of Truth, 1987), 457.
[29] Ibid., 307.
[30] Ibid., 307.
[31] Ibid., 309.

uno investiga los dos volúmenes de sus obras, publicadas por Banner of Truth (Estandarte de la Verdad).

El Primer Gran Avivamiento ha tenido, en muchos sentidos, una profunda influencia del entendimiento evangélico del avivamiento. Mientras el Señor continúa el avivamiento de Su Iglesia, Edwards ha hecho una contribución significativa, especialmente en el área de la fenomenología religiosa y la psicología de la religión. El pensamiento de Edwards sobre muchos temas es todavía profundamente relevante. Esto se confirma por el hecho de que su clásico *Distinguiendo las marcas del Espíritu* ha sido republicado en inglés moderno por Crossway Books en el año 2000, y además existe un resurgimiento de interés en Edwards evidenciado por las publicaciones que tratan su pensamiento.[32] Tantos protagonistas y críticos de los movimientos y avivamientos contemporáneos apelan a Edwards. Es crucial que Edwards sea estudiado a la luz de su contexto histórico, de otra manera su pensamiento puede ser desviado sustancialmente con una tendencia personal. Además, una cuidadosa reflexión histórica y bien documentada sobre estos principios bíblicos que Edwards expuso haría una buena e incalculable labor en nuestras comunidades evangélicas contemporáneas.

Estoy convencido que Edwards debería ser descubierto y redescubierto en América Latina y en España donde las aberraciones sobre avivamiento abundan creando un escepticismo a la obra inusual del Espíritu Santo entre ciertos evangélicos.

Resumen: ¿Quién era Jonathan Edwards?

a. Edwards como pastor

---

[32] Archie Parrish, *The Spirit of Revival Discovering the Wisdom of Jonathan Edwards.* (Wheaton, Ill: Crossway Books, 2000).

Edwards pastoreaba una iglesia de corte calvinista en un pueblo que se llama Northampton, en el estado de Massachusetts, unos kilómetros al oeste de Boston, en la parte este de los Estados Unidos. La iglesia era congregacionalista. Fue pastor desde 1727 (a la edad de 24 años) hasta su despedida en 1750 (a la edad de 47). Durante su ministerio, fue testigo y protagonista de un gran movimiento conocido por los historiadores como El Primer Gran Despertar. Tuvo una esposa, Sarah y 11 hijas mujeres.

b. Edwards como evangelista

Los ministros de la época no solamente ministraban en su iglesia local, sino que viajaban a las iglesias del distrito para predicar. Se nota en las prédicas de Edwards que tiene una fuerte carga evangelística. El sermón más famoso de Edwards lleva como título "Pecadores en las manos de un Dios airado".

c. Edwards como misionero

Edwards, después de servir 23 años como pastor, a la edad de 47 años, aceptó el llamado para ser misionero en Stockbridge ministrando a la comunidad de los indios. El hombre con una erudición y capacidad intelectual asombrosa ministrando a personas humildes, la gran mayoría sin formación académica.

d. Edwards como filósofo

Edwards era un hijo prodigio. A la edad de 6 años estudió latín. Fue discípulo de John Locke, a los 14 años. Algunos de los biógrafos de Edwards (como Perry de Harvard) sugirieron que Edwards era la mente más brillante que los Estados Unidos jamás haya producido. Sus escritos filosóficos, especialmente sobre la naturaleza de la voluntad humana, son excelentes y siguen teniendo vigencia hasta el día de hoy.

e. Edwards como teólogo

Edwards es uno de los más brillantes teólogos que el mundo ha visto. Tiene la habilidad de integrar la filosofía, la psicología, y la historia para enriquecer nuestra comprensión de las Escrituras. Pero, ante todo, es un hombre de la Palabra, profundamente versado en la Biblia y familiarizado con los escritos de los teólogos de la historia.

f. Edwards como escritor

La producción literaria de Edwards es realmente asombrosa. Cualquiera que invierte el tiempo leyendo los escritos de Edwards se da cuenta de la agilidad mental que Dios le ha dado. Sus obras más importantes son *La libertad de la voluntad*, *Afectos religiosos*, y la obra que usted tiene en la mano. Dedicaba 14 horas de cada día al estudio, para elaborar sus escritos y sermones.

g. Edwards como académico y educador

Edwards fue el tercer presidente del College of New Jersey, (Seminario de Nueva Jersey) ahora Princeton, una de las universidades de más renombradas en su época y, de hecho, una de las universidades más importantes en el desarrollo del pensamiento en los Estados Unidos.

h. Edwards el puritano

Difícil es entender a Edwards sin apreciar la doctrina de la reforma, especialmente el calvinismo, y el puritanismo. El puritanismo era:

Inicialmente, un movimiento dentro de la Iglesia Anglicana durante el reinado de Isabel I, cuyo propósito general era llevar a cabo una completa reforma calvinista en Inglaterra. El puritanismo se convirtió más tarde en un modo de vida, una interpretación del peregrinar cristiano con énfasis en la regeneración personal y la santificación, la oración en el hogar y una estricta moral.[33]

i. Edwards, un hombre de Dios

En los escritos de Edwards se manifiesta una calidad espiritual muy especial. Se nota una pasión por la gloria de Dios, una comunión íntima con la Persona del Padre, del Hijo y del Espíritu Santo. Su vida de oración, su familiaridad con las Escrituras, su compromiso con la obra del Señor, su relación amorosa con su esposa; todo ello muestra a un hombre de una profunda intimidad con Dios.

j. Edwards como defensor y crítico del avivamiento

Edwards fue protagonista y testigo del Primer Gran Despertar. El avivamiento fue duramente criticado. Edwards dedicó su mente brillante y su corazón apasionado por las cosas de Dios a una evaluación bíblica del avivamiento. Aplicó su conocimiento de la Biblia, la historia, la psicología bíblica y de los hechos del avivamiento para defender y justificar la legitimidad del Primer Gran Despertar.

Luego, Edwards mismo criticó algunos excesos del avivamiento. Su perspectiva, su hermenéutica, su argumentación y su raciocinio son muy instructivos para la iglesia Latina en la actualidad. Su espiritualidad, su experiencia pastoral y sus herramientas intelectuales le califican de una manera especial para escribir sobre el avivamiento.

---

[33] *Diccionario de Historia de la Iglesia,* ed. Wilton Nelson (Miami, Fl: Editorial Caribe, 1989), 880.

k. Edwards, su legado

La influencia de Edwards se puede medir de varias formas. Consideremos el legado de su familia.

Jonathan Edwards [...] creía en una formación cristiana y se casó con una mujer de igual mentalidad. De esta unión se estudiaron 729 descendientes, trescientos de ellos llegaron a ser predicadores del Evangelio. Hubo sesenta y cinco profesores universitarios, trece presidentes de universidades, sesenta autores de libros reconocidos, tres congresistas norteamericanos y un vicepresidente de los Estados Unidos. Es imposible desestimar la contribución que esta familia hizo al estado de Nueva York y al país. La familia Edwards es un ejemplo brillante del principio bíblico: "Instruye al niño en su camino, y aun cuando fuere viejo no se apartará de él" (Proverbios 22:6).[34]

l. Edwards como mentor

Finalmente, Edwards es mi mentor personal. Al leer su libro *Afectos Religiosos*, me di cuenta de la importancia de una sana psicología bíblica. La biografía que hizo de su esposa es una de las piezas de más profunda espiritualidad que conozco. Sus escritos sobre el avivamiento son tanto equilibrados y muy abiertos a lo sobrenatural. Su capacidad de integrar las varias disciplinas académicas al campo del avivamiento es muy enriquecedora.

Epitafio de Jonathan Edwards (1703-1758)
Ubicado en Princeton, New Jersey

¿Quién fue Jonathan Edwards? Tal vez lo que mejor lo define se encuentra en su epitafio: "¿Quiere saber, oh viajero, qué clase de

---

[34] Tim y Beverly LaHaye, *La Familia Sujeta al Espíritu* (Miami, FL: Editorial Caribe, 1992), 19-20.

hombre fue el que está sepultado aquí? Un verdadero hombre de cuerpo alto y muy agraciado. En agudeza del intelecto, juicio sagaz y prudencia, sin competencia. En cuanto al conocimiento de la ciencia y artes liberales, impresionante. En el criticismo sagrado, eminente; un teólogo distinguido sin igual. Un inconquistable defensor de la fe cristiana, predicador serio, solemne y juicioso y, por la gracia de Dios, muy feliz y exitoso en los asuntos de su vida. Ilustre y piadoso, tranquilo en su manera de ser, pero hacia los demás, amistoso y benigno. Mientras vivió, fue muy amado y venerado y desgraciadamente tenemos que lamentar su muerte. El seminario y la iglesia lloran, pero el cielo se regocija de haberle recibido. Por lo tanto, siga, oh viajero, sus piadosas pisadas."

LAS MARCAS DE LA OBRA DEL ESPÍRITU DE DIOS

PREFACIO ORIGINAL

Existen varias dispensaciones, es decir días de gracia, bajo las cuales ha existido la iglesia de Dios desde el inicio.[1] La de los primeros patriarcas, la de la ley de Moisés, y la del evangelio de Cristo Jesús, bajo la cual nos encontramos actualmente. Este es el día más radiante que jamás haya resplandecido, y excede al otro por sus ventajas particulares. Que estén dirigidas a nosotros quienes tenemos la dicha de vivir bajo la dispensación del evangelio, las palabras que nuestro Salvador habló a sus discípulos cuando empezó a establecer el reino del Mesías en el mundo y empezaron a difundirse la luz y el poder del evangelio:

Lucas 10.23–24 Volviéndose hacia los discípulos, les dijo aparte: "Dichosos los ojos que ven lo que ustedes ven; porque les digo que muchos profetas y reyes desearon ver lo que ustedes ven, y no *lo* vieron, y oír lo que ustedes oyen, y no *lo* oyeron."

La dispensación mosaica, si bien estaba oscurecida con tipos y simbolismo, excedía grandemente a la anterior. Pero la dispensación del evangelio excede de tal manera en gloria que eclipsa la gloria de la legal, así como las estrellas desaparecen cuando el sol se levanta y sale con fuerza. Y lo que hace principalmente tan glorioso al evangelio es el ministerio del

---

[1] Este prefacio fue escrito por William Cooper quien era Pastor contemporáneo de Edwards. Sección traducida por Delyth Yabar.

Espíritu.[2] Bajo la prédica del evangelio, el Espíritu había de ser derramado en medidas más abundantes; no tan sólo en dones milagrosos como en los primeros tiempos del evangelio, sino en su obrar interno para salvación, que acompaña al ministerio externo y produce numerosas conversiones a Cristo, y otorga vida espiritual a almas que anteriormente estaban muertas en delitos y pecados, y así prepararlas para la vida eterna. Así habla el apóstol cuando compara el Antiguo Testamento con el Nuevo, la ley de Moisés y el evangelio de Cristo Jesús:

2 Corintios 3.6b–8 Porque la letra mata, pero el Espíritu da vida. Y si el ministerio de muerte grabado con letras en piedras fue con gloria, de tal manera que los Israelitas no podían fijar la vista en el rostro de Moisés por causa de la gloria de su rostro, la cual se desvanecía, ¿cómo no será aún con más gloria el ministerio del Espíritu?

Se usan también otros títulos para esta época bendita del evangelio que elevarán nuestro aprecio y valoración de ella. El profeta evangélico la denomina "el año de la buena voluntad de Jehová" (Is. 61: 2). Que también puede leerse como *el año de agrado*, o de benevolencia, porque sería el período especial en el que demostraría su gracia y favor de manera extraordinaria, y repartiría bendiciones espirituales con mano abierta y generosa. Nuestro Salvador también la denomina la regeneración (Mt. 19: 28), que posiblemente no se refiere únicamente a esa gloriosa restitución de todas las cosas que esperamos al final de la dispensación cristiana,

---

[2] Cooper afirma que el aspecto más importante de la dispensación actual, que la hace gloriosa, es que es una dispensación caracterizada por la "ministración" o ministerio del Espíritu. Creo que tiene razón. Hay que contemplar las referencias bíblicas que enseñan acerca de la gloria del Espíritu Santo. 2 Cor. 3:8-11. No olvidemos que fue por el Espíritu Sano que Dios adornó los cielos (Job 26:13).

sino también a la obra renovadora de la gracia en almas específicas que se lleva a cabo de principio a fin de dicha dispensación.

Fueron pocos los renovados y santificados bajo las dispensaciones anteriores en comparación con la gracia de Dios en tiempos del evangelio. Cuando primero se estableció la iglesia del evangelio, llegaron a ella tal número de personas que surgió esa pregunta admirada, que de hecho fue profecía de lo ocurrido:

Isaías 60.8 ¿Quiénes son éstos que vuelan como nubes, Y como palomas a sus palomares?

En aquel entonces el poder del Espíritu divino acompañó el ministerio de la palabra de tal manera que miles se convirtieron en un solo sermón. No obstante, esta amplia efusión del Espíritu cuando la luz del evangelio brilló por primera vez sobre el mundo (esa agradable primavera[3] de religión que apareció sobre la faz de la tierra), hubo un paulatino retiro[4] de su luz e influencia salvadoras, y así el evangelio llegó a tener menor éxito, y el estado del cristianismo se debilitó en este lugar y aquel.

De hecho, en la época de la Reforma contra el papismo, cuando la luz del evangelio irrumpió sobre la iglesia y disipó las tenebrosas nubes anticristianas que la cubrían, el poder de la divina gracia

---

[3] Noten ustedes el argumento de Cooper. El día de Pentecostés fue una ocasión para hacernos reflexionar sobre el poder del Espíritu. Cooper habla de una efusión grande del Espíritu. Él hace referencia a esta etapa como "esa agradable primavera de religión". La figura de la primavera es muy apropiada para hablar de un avivamiento. Como en Canadá, cuando el frío del invierno pasa, es precioso contemplar y experimentar la hermosura del descongelamiento, frescura, calor, cántico nuevo, etc.

[4] Cooper habla de un alejamiento gradual de la luz y la influencia salvadora. ¿A qué se refiere, en su opinión? Como Jesús escribe una carta a la iglesia en Éfeso, observando su alejamiento de su primer amor (no en el sentido cronológico, sino en el sentido de prioridad), las iglesias entraron en una etapa de enfriamiento, y casi perdieron su candelabro, es decir, su luz e influencia). Por eso Dios tuvo que levantar movimientos de renovación a lo largo de la historia para reactivar y avivar el fuego. Cada iglesia pasa por una curva maldita (Arnold Cook).

acompañó de tal manera la prédica de la palabra que tuvo éxito admirable en la conversión y edificación de las almas, y los benditos frutos aparecieron en los corazones y las vidas de los que la profesaban. Ese fue uno de los "días del Hijo del Hombre" en los cuales el Redentor exaltado salió cabalgando en el caballo blanco del evangelio puro, ataviado de gloria y majestad, "venciendo y para vencer"; y el arco en su diestra, como el de Jonatán, no volvió vacío. Pero qué tiempo muerto y estéril ha sido de un tiempo a esta parte, con todas las iglesias de la Reforma[5].

Las lluvias doradas han sido refrenadas; se han suspendido las influencias del Espíritu; y la consecuencia ha sido que el evangelio no ha tenido éxitos rotundos. Las conversiones han sido pocas y dudosas; han nacido pocos hijos e hijas de Dios y los corazones de los cristianos no se han visto tan avivados, enternecidos y refrescados como antes lo estuvieron.

Los que tienen ejercitados sus sentidos espirituales, reconocerán que este ha sido el triste estado de la religión en esta tierra durante muchos años (salvo unos pocos lugares que han recibido lluvias de misericordia mientras no han caído lluvias en otros pueblos o congregaciones), y de este hecho se han lamentado fieles pastores y serios cristianos. En consecuencia, ha sido un pedido constante en nuestras oraciones públicas[6] de domingo a

---

[5] Cooper habla de una renovación de Pentecostés en la época de la Reforma, pero luego menciona que, igual como después de la época de Pentecostés, hubo después de la Reforma una etapa cuando las lluvias fueron "frenadas" y la influencia del Espíritu "suspendida". Según su comprensión de la historia de la Post-Reforma, ¿a qué se refiere? La iglesia luterana descuidó mucho la dimensión misionera. En el afán de proteger a la iglesia de las aberraciones del tradicionalismo muerto, no acepto el desafío de las misiones. George Peters establece claramente dicha relación entre el descuido misiológico de las reformas y el enfriamiento espiritual. De allí surgen movimientos como el pietismo (Vea Francke, Spener, Zinzendorf), para recuperar el fervor de la dinámica del Espíritu y su vinculación a las misiones.

[6] Cooper aquí hace alusión al movimiento de oración vigente en su época. Varios pastores de la época reconocieron la profunda necesidad de un despertar, un avivamiento, una renovación espiritual. Edwards mismo escribió un llamado

domingo: "Que Dios derrame su Espíritu sobre nosotros y avive su obra en medio de los tiempos". Y además de los días de ayuno anuales establecidos por el gobierno, la mayor parte de las iglesias ha separado días en los cuales puedan buscar al Señor mediante el ayuno y la oración, pidiendo que "venga y nos enseñe justicia". Y ahora, "¡He aquí! El Señor a quien buscamos, súbitamente ha venido a su templo."[7] La dispensación o la gracia bajo la cual nos encontramos es algo que ni nosotros ni nuestros padres han visto; en algunos aspectos es tan maravilloso que creo que no ha habido algo semejante desde el derramamiento extraordinario del Espíritu inmediatamente después de la ascensión de nuestro Señor.[8] Pareciera que los tiempos apostólicos han vuelto a nosotros. Ha habido tal manifestación del poder y la gracia del Espíritu divino en las asambleas de su pueblo, y tales han sido los testimonios que Él ha dado a la palabra del evangelio.

---

invocando a las iglesias de su época a buscar al Señor en la oración. Escribió un documento titulado "..." Hemos decidido publicar dicho documento en español como parte de esta serie de escritos sobre el Primer Gran Despertar y los pensamientos de Jonathan Edwards al respecto.

[7] Aquí Cooper claramente vincula el Primer Gran Despertar con la oración del pueblo de Dios. Los "avivamentistas" y "avivamentólogos" afirman que existe una ley inquebrantable. La oración de los creyentes es siempre un precursor al avivamiento de la iglesia, y luego, el despertar del mundo. Hemos inventado la palabra "avivamentistas" que definimos como los hombres y mujeres de Dios dedicados a la práctica y ministerio del avivamiento. Los "avivamentólogos" (otra palabra inventada) son los que se dedican a pensar y reflexionar sobre el avivamiento. Son los teólogos, los historiadores, los sicólogos y los estudiosos que se dedican a analizar la naturaleza y la fenomenología de los avivamientos. A veces tenemos la fusión de un "avivamentista" y un "avivamentólogo" en una sola persona, como es Jonathan Edwards, pastor de una iglesia que conoció el avivamiento y que actuó como apólogo del obrar de Dios en su época frente a la crítica de muchas personas; pero también, pastor preocupado por algunos excesos que tendieron a desbaratar la obra del Señor.

[8] Cooper sugiere que lo sucedido en el Primer Gran Despertar no tiene paralelo en la historia de la iglesia, con la excepción de lo sucedido en el día de Pentecostés.

Recuerdo una cita del fenecido reverendo y erudito Sr. Howe[9], y creo que vale la pena transcribirla acá. Se encuentra en su discurso en cuanto al *Estado próspero de la Iglesia Cristiana antes del Fin de los Tiempos, por medio de una infusión abundante del Espíritu Santo*. En la página 80, dice así:

En los tiempos en los que el Espíritu sea derramado abundantemente, sin duda a los pastores les tocará la porción que les corresponde. Y cuando aquel momento llegue, estoy convencido que ustedes oirán (u oirán aquellos a quienes les corresponda vivir aquel tiempo) sermones muy distintos a los que están acostumbrados ahora. Se tratará con las almas de otra manera. Es evidente (dice), tristemente evidente, que el Espíritu de Dios se ha retraído grandemente incluso de nosotros. Ignoramos cómo comunicar sentido de vida a las almas, cómo entrar. Nuestras palabras mueren en nuestras bocas, o caen y mueren entre nosotros y ustedes. Desmayamos cuando hablamos. La falta de éxito durante largo tiempo hace que nos sintamos desanimados. No hablamos como personas que tienen la expectativa de triunfar, que esperamos hacer de ustedes personas serias, con actitud celestial, que toman en cuenta a Dios, y que anden como cristianos. Los métodos para atraer y convencer a las almas, incluso los que algunos hemos conocido, en gran parte se han perdido de entre nosotros. Se tomaron otros caminos que ahora no sabemos hallar para ablandar a los inflexibles, despertar a los que se sienten

---

[9] ¡Cuán acertada es la declaración profética del Sr. Howe! Nosotros como ministros somos tan inadecuados para las exigencias del ministerio. No sabemos cómo ministrar a las almas que acuden a nuestras iglesias. Lamentablemente, la falta de éxito ministerial nos ha hecho melancólicos". El avivamiento cambia todo eso. El avivamiento produce una capacidad, una agilidad, un poder sobrenatural, una destreza, una utilidad, en la vida y en el ministerio de los ministros. "Ah Señor, avívanos, empezando por nosotros mismos, los ministros del evangelio. Perdona nuestra flojera, nuestra dureza, nuestra falta de compasión, nuestra indiferencia, nuestra incapacidad. Señor, hemos perdido la destreza del Espíritu por nuestra pecaminosidad. Restáuranos, oh Dios, a nosotros, los ministros, por amor a tu nombre. Que no seamos nosotros los impedimentos al obrar tuyo en nuestras iglesias. AMÉN."

seguros, convencer y persuadir a los obstinados, y ganar a los descontentos.

> Pienso que debe tocar una porción mayor a los pastores cuando haya tal esperado derramamiento del Espíritu; que sabrán hablar con mejor propósito, con mayor compasión, con mayor seriedad, con mayor autoridad y de manera más atrayente de la que nos es posible ahora.[10]

Encontramos que esta época extraordinaria se ajusta a la justa expectativa de este gran hombre excelente. Han aparecido entre nosotros varios predicadores a quienes Dios ha dado una medida tal de su Espíritu que a veces nos sentimos dispuestos a atribuirles la reputación de Bernabé, quien "era varón bueno, y lleno del Espíritu Santo y fe" (Hch. 11: 24). Van de sitio en sitio, predicando el evangelio de la gracia de Dios con entusiasmo y diligencia insólitos.

Las doctrinas en las que hacen hincapié son las doctrinas de la reforma en las cuales el poder de la piedad floreció en gran manera en el siglo pasado. Su prédica se basa en los puntos importantes que son la culpabilidad, corrupción e impotencia del hombre; la regeneración sobrenatural por el Espíritu de Dios y la libre justificación por medio de la fe en la justicia de Cristo; y las señales del nuevo nacimiento.[11]

Su prédica no es con las palabras atractivas de la sabiduría humana; no obstante, hablan sabiduría entre aquellos que son perfectos. En sus pechos arde un intenso amor hacia Cristo que

---

[10] John Howe, *The Prosperous State of the Christian Interest before the end of time, by a plentiful effusion of the Holy Spirit*, ed. J. Clark and R. Het (1726), 80.

[11] Aquí tenemos un tema fascinante. ¿Cuál es el "kerigma" de la predicación que produce y que sostiene un avivamiento? Es decir, ¿cuáles fueron los temas de los grandes hombres y mujeres de Dios a lo largo de la historia que Él utilizó para crear y fomentar el avivamiento? Aquí recomendamos al lector hacer un estudio de los temas de Hechos que documentan el kerigma de los avivamentistas. También se recomienda un estudio exhaustivo de la predicación de los hombres y mujeres de la historia que fueron instrumentos de avivamiento.

anima su labor. Dios ha hecho que estos sus ministros sean espíritus activos, una llama de fuego en servicio de Él; y su Palabra en boca de ellos ha sido "como fuego y como martillo que quebranta la piedra". En la mayoría de los sitios donde han trabajado, es evidente que Dios ha obrado a través de ellos, y ha "confirmado la palabra con las señales que seguían". No se ha conocido tal poder y presencia de Dios desde que Dios estableció su santuario entre nosotros. Verdaderamente, Él ha "glorificado la casa de su gloria". Esta obra es realmente extraordinaria en cuanto a su extensión. Se ha dado en mayor o menor grado en las diversas provincias que miden centenares de millas en este continente. "Él envía su palabra a la tierra. Velozmente corre su palabra." Ha entrado y se ha difundido en algunas de las ciudades más pobladas, los lugares principales de concurrencia y de negocio. Y, ¡bendito sea Dios!, ha visitado los centros de estudios[12], tanto aquí como en una colonia adyacente. ¡Oh, que el Espíritu Santo resida de manera constante en ambos, que se apodere de nuestros jóvenes y los forme como saetas bruñidas que luchen con éxito las batallas del Señor contra los poderes de las tinieblas cuando sean llamados a servir!

---

[12] Qué hermoso sería tener un avivamiento en América Latina que afecte a los centros de estudios, empezando por los institutos bíblicos y seminarios, los centros de formación de liderazgo, sean formales o informales. Qué lindo sería ver un obrar de Dios, un despertar espiritual en los centros de formación académica secular, las universidades, los institutos superiores. Y que precioso sería que los centros de educación superior en los Estados Unidos, como Yale, Princeton y Harvard, recuperar su visión original de ser centros de formación ministerial, con el fervor evangélico y evangelístico de sus fundadores. No olvidemos que Jonathan Edwards fue el tercer presidente de Princeton. Actualmente estos centros se han alejado tanto de su visión original, que son centros de incredulidad y escepticismo, y se burlan de los principios bíblicos sobre los cuales las mismas instituciones fueron construidas. Como los Estados Unidos se ha alejado de sus primeros fundamentos Cristianos, claramente registrados en la constitución original, así también las instituciones de "higher learning" "educación superior" se han alejado de sus primeros fundamentos. No cabe duda de que existe una estrecha relación entre el alejamiento espiritual del país, y el alejamiento espiritual de dichos centros de estudios.

También es extraordinario en cuanto a la cantidad de personas que han sido sujetos de esta operación. Pecadores adormecidos han sido despertados en sus centenares[13], y en algunos lugares ha surgido en forma generalizada la pregunta: "¿qué debo hacer para ser salvo?". Hasta donde tengo conocimiento, en esta metrópolis nuestra, el invierno pasado hubo varios miles afectos a impresiones religiosas tales como nunca antes habían experimentado. La obra también ha sido extraordinaria por las diversas clases de personas que han sido influenciadas. Las ha habido de todas las edades. Ha habido personas de edad avanzada como tizones arrebatados del incendio, hechas monumentos de la misericordia divina, nacidas para Dios, aunque como abortivos, como lo dice el apóstol de sí mismo (1 Co. 15: 8).

1 Corintios 15.8 Y al último de todos, como a uno nacido fuera de tiempo, se me apareció también a mí.

Pero aquí con nosotros ha sido mayormente entre los jóvenes. Jóvenes enérgicos se han visto obligados a postrarse como sauces ante el cetro del Redentor, y voluntariamente se han rendido con sus propias manos ante el Señor. Y de la boca de los niños Dios ha hecho brotar alabanza para sí, para hacer callar al enemigo y al vengativo.

También han sido de todo rango y estrato. Algunos de los grandes y ricos, pero más de los humildes y pobres. De otros países y naciones. La Etiopía ha extendido su mano. Espero que algunos pobres negros hayan sido traídos a la gloriosa libertad de los hijos de Dios, de toda cualidad y condición.

---

[13] Aquí cabe hacer una investigación más profunda sobre la naturaleza del Primer Gran Despertar. Hemos intentado incorporar en esta serie unos artículos que describen cómo han sido los eventos del avivamiento mencionado. Recomendamos que el lector investigue más al respecto consultando a las siguientes referencias clásicas al Primer Gran Despertar.

Los necios e insensatos del mundo, bebés en cuanto a conocimiento, han sido hechos sabios para la salvación y han recibido aquellas verdades que fueron escondidas de los sabios y entendidos. Algunos de los eruditos entre los hombres han recibido revelaciones del Padre en los cielos que la carne y la sangre no enseñan. Algunos de estos, que habían adoptado actitudes modernas y no tenían religión salvo la rutinaria de estos tiempos, han visto conquistados sus prejuicios, superados sus razonamientos carnales, su entendimiento se ha postrado ante los misterios del evangelio. Ahora reciben la verdad que es en Jesús y su fe ya no está "fundada en la sabiduría de los hombres, sino en el poder de Dios". Algunos de los más maleducados y desordenados se han vuelto ordenados en su comportamiento y formales en todo. Los alegres y frívolos se han tornado serios.

Algunos de los más grandes pecadores parecen ahora verdaderos santos. Los borrachos son ahora abstemios; los fornicadores y adúlteros son castos; los que solían usar juramentos y blasfemias han aprendido a temer ese Nombre glorioso y temible, el SEÑOR su DIOS; los mundanos carnales ahora buscan primero el reino de Dios y su justicia. Sí, los que se mofaban y burlaban de esta obra y de aquellos que eran instrumentos de ella, ahora han sido sujetos a su poder vencedor.

Algunos de esta estampa que han ido a escuchar al predicador (como lo hicieron algunos con Pablo; "¿Qué querrá decir este palabrero?"), no han podido resistir el poder y el Espíritu de sus palabras; han permanecido temblorosos bajo la palabra, reaccionando con llanto, y después se han aferrado al predicador, como lo hizo Dionisio el areopagita con Pablo. (Hch. 17: 18, 34).

Hechos de los Apóstoles 17.18 También discutían con él algunos de los filósofos Epicúreos y Estoicos. Y algunos decían: "¿Qué quiere decir este palabrero?" "Parece ser un predicador de divinidades extrañas," decían otros; porque *les* predicaba a (anunciaba el evangelio de) Jesús y la resurrección.

He tenido conocimiento de varios casos de este tipo. Los virtuosos y educados han sido convencidos que no se puede confiar en la moralidad para recibir vida, y por lo tanto han tenido un vivo deseo de buscar el nuevo nacimiento y una unión vital con Jesucristo, por medio de la fe. De igual manera, el catedrático formal ha sido despertado de sus formalidades muertas, traído bajo el poder de la piedad, rescatado de su letargo, y traído a tener esperanza tan sólo en la justicia de su Mediador. De la misma manera, muchos de los hijos de Dios han sido reavivados y refrescados, despertados de entre la soñolencia en la que habían caído, y motivados para ser diligentes en hacer firme su vocación y elección; y han experimentado tiempos preciosos de avivamiento y confirmación espiritual. Así de amplia y extensa ha sido la influencia divina en esta gloriosa época.

Hay una cosa más que vale la pena mencionar, y es la uniformidad de la obra.[14] Según los relatos que he recibido en cartas y mediante conversaciones con ministros y otros que viven en

---

[14] La descripción de Cooper en los párrafos anteriores da una descripción excelente aunque sea en forma sumaria la naturaleza del Primer Gran Despertar. Léase de nuevamente y obsérvese las características sobresalientes del avivamiento. Nótese especialmente la relación entre el avivamiento y el despertar. Aquí cabe una definición. Avivamiento es un término que estamos utilizando para describir el obrar de Dios en la vida de los regenerados. El avivamiento es para la iglesia. El efecto del avivamiento en los creyentes auténticos se nota en los inconversos. El obrar de Dios en la vida de los inconversos se llama "despertar". A veces los estudiosos del tema confunden los términos. Por lo menos queremos aclara al principio que entendemos bíblica y teológicamente que un inconverso no puede ser "avivado". Es preciso la regeneración primero. Son los regenerados, que luego pierden su primer amor, que necesitan ser avivados. Los inconversos necesitan ser regenerados. Dicha regeneración es muchas veces la consecuencia de ver como los cristianos auténticos vuelven al primer amor por el avivamiento. Lógico, en la práctica, es a veces difícil diferenciar entre el avivamiento y el despertar, pero bíblica y teológicamente, repetimos, la diferencia es fundamental.

diversas partes del país, es la misma obra que se da en este lugar y aquel. El método en el que el Espíritu obra en las mentes de las personas es el mismo, dándose algunas variantes en las circunstancias, lo cual es usual en otros tiempos; y las apariencias específicas que acompañan esta obra, que no han sido comunes en otros tiempos, también son bastante semejantes.

Es cierto que muchos que se oponen a la obra objetan estas apariencias, pero si bien la conversión es la misma obra a grandes rasgos, donde sea que se obre, me parece razonable suponer que en una época extraordinaria en la que a Dios le place realizar su obra de gracia de manera más notoria y gloriosa, para que el mundo tome nota; digo yo que en tal época me parece razonable suponer que puedan darse apariencias en la obra de conversión que no son comunes en otras épocas, aunque esas conversiones también sean genuinas, o algunas de las circunstancias que acompañan a la obra quizá sean en mayor grado. Si así no fuera, no se tendría en cuenta ni se hablaría de la obra del Señor, y por lo tanto no traería tanta gloria a Dios. Y sería menos probable que la obra se difunda tan rápido, pues es evidente que Dios ha usado el ejemplo y el discurso en llevar adelante la obra.

En cuanto a los frutos de esta obra (los cuales tantas veces se nos ha dicho que esperemos), ¡bendito sea Dios!, hasta donde hemos podido observar, parece que permanecen. No digo que nadie ha perdido las impresiones que tuvo, o que no ha habido casos de hipocresía y apostasía. Las Escrituras y la experiencia nos enseñan que debemos esperar que esto también se dé en una época como la nuestra. Yo me encuentro sorprendido y agradecido que hasta este momento no se hayan producido más. Pero me refiero a que gran número de los que han sido despertados siguen esforzándose por entrar por la puerta estrecha.

La mayor parte de los que se piensa han sido convertidos dan evidencia de ser nuevas criaturas y parecen aferrarse al Señor con todo el corazón. De hecho, continúa un aspecto nuevo en esta ciudad a pesar que las circunstancias conspiran para que tal obra no sea tan notoria aquí (es decir, en Boston, Nueva Inglaterra) como en lugares más pequeños y lejanos. Muchas de las cosas que no convienen a la vivencia del evangelio han sido reformadas. Las tabernas, escuelas de baile y otros sitios de reunión que no convienen a la piedad seria son poco frecuentadas.[15] Muchos han simplificado su estilo de vestir para parecer más como seguidores del humilde Jesús. Ha sido a la vez sorprendente y agradable constatar que algunas jóvenes, de las que gustan mucho de tales vanidades, han dejado de lado todo adorno como consecuencia y señal que buscan las glorias internas de la hija del Rey. La religión es el tema de conversación en las casas mucho más de lo que solía serlo. Las personas se adhieren a y gozan de las doctrinas de la gracia. Se han multiplicado grandemente las reuniones religiosas privadas. Hay muy buena asistencia a las reuniones públicas (sobre todo las charlas) y los oidores prestan toda su atención. De veras existe un apetito extraordinario por la leche espiritual no adulterada.

Hace ya más de un año que se estableció una charla vespertina en esta ciudad. Ahora existen varias. Las dos permanentes se llevan a cabo los martes y viernes en la noche y las casas más amplias de la ciudad se llenan de oidores que por su aspecto y comportamiento dan la impresión de venir a escuchar para que sus almas tengan vida. Ahora se considera que una noche en los atrios de Dios vale más que muchos en otro lugar. También acuden muchos a ver a los pastores en privado. Nuestras manos están llenas de trabajo, y con frecuencia vienen más personas de las que podemos atender de manera individual.

---

[15] Vean ustedes el fruto del avivamiento y despertar espiritual en el Primer Gran Despertar. ¿Cuál sería las características de un obrar semejante en el siglo XXI? Podríamos hablar de los efectos en los centros de baile, las cantinas, la forma de vestirse, las reuniones en casas y las campañas evangelísticas, las reuniones normales de las iglesias, etc. etc.

Mi descripción ha sido amplia y minuciosa para que las personas que se encuentran lejos y que deseen saber en cuanto al estado actual de la religión acá puedan satisfacer tal deseo. Ahora pues, ¿es posible que alguien no sepa a cuál espíritu atribuir esta obra? Atribuirla, como lo hacen algunos, al diablo, es hacer que esa serpiente antigua sea como la mujer necia que con sus manos derriba su casa (Prov. 14: 1). Nuestro Salvador nos enseñó a pensar de otra manera en casos como este.

Mateo 12.25–26 Conociendo Jesús sus pensamientos, les dijo: "Todo reino dividido contra sí mismo es asolado, y toda ciudad o casa dividida contra sí misma no se mantendrá en pie. "Si Satanás expulsa a Satanás, está dividido contra sí mismo; ¿cómo puede entonces mantenerse en pie su reino?

El hecho que algunos tengan prejuicios contra esta obra, o que otros la injurian o reprochan, no hace que parezca menos una obra de Dios. Por el contrario, le faltaría más bien una señal de serlo, pues el espíritu de este mundo y el espíritu que es de Dios son contrarios el uno del otro. No me sorprende que Satanás esté furioso[16] y lo demuestre en aquellos que están bajo su influencia, dado que su reino está tambaleando y sus súbditos lo abandonan por centenares, espero que sean incluso millares.

No me cabe duda de que los prejuicios de algunos se deben a que no han tenido la oportunidad de estar debidamente informados o han recibido información tergiversada. Otros quizá se sientan ofendidos porque no han experimentado algo que se asemeja a esta obra ellos mismos. Si es así, han de empezar de nuevo construyendo sobre un fundamento distinto al que lo vienen haciendo; y es difícil que los hombres hagan tal cosa. Quizá a otros no les agrade esta obra porque apoya y confirma algunos principios que ellos aún no han aceptado o contra los cuales tienen prejuicios de los que aún no

---

[16] El primero que se despierta en un avivamiento es el diablo.

han conseguido librarse. Pues es cierto que estos frutos no crecen en terreno arminiano.[17] Espero que a nadie le deje de agradar la obra por el hecho que ellos no han sido instrumentos en ella. Pues si amamos sinceramente a nuestro Señor Jesucristo, nos gozaremos que él crezca aunque nosotros mengüemos. Si hubiera algunos que están decididos a no creer en esta obra, a reprocharla y oponerse a ella, debemos dejarles al libre soberano poder y la misericordia de Dios para ser iluminados y rescatados. Si han tenido oportunidad de estar debidamente informados, pienso que son de los que no hubieran creído y se hubieran opuesto a los milagros y la misión de nuestro Salvador si hubieran vivido en aquel tiempo.

La malignidad que algunos han demostrado a mi parecer se aproxima al pecado imperdonable, y deben tener cuidado de no llegar a cometer el pecado que es de muerte. Pues, así como creo que se puede cometer este pecado en estos días como también en los días de los apóstoles, también creo que hay personas que están en mayor peligro de cometerlo ahora que en otras épocas. Que caigan por lo menos bajo el temor de aquella palabra en el Salmo

---

[17] Es importante entender el trasfondo teológico del Primer Gran Despertar. Los puritanos escaparon de Inglaterra buscando la libertad religiosa. Es preciso conocer la naturaleza espiritual del movimiento de los puritanos. Recomendamos la lectura en un buen diccionario bíblico. Edwards era calvinista. Sus escritos muestran una convicción profunda del calvinismo. Recomendamos la lectura de las *Instituciones* de Calvino, y luego los pensamientos de Edwards sobre el calvinismo. Sin embargo, Edwards enfatizó el papel de la voluntad del hombre en una manera asombrosa. Su "obra maestra" es un ensayo escrito en sus últimos días, sobre la voluntad del hombre. Muchos teólogos de hoy confirman que no hay mucho escrito que mejora el pensamiento de Edwards al respeto. Para aquellos lectores que tienden a ser arminianos, les recomendamos no descartar de frente a Edwards sin entender su pensamiento. Y para entender los pensamientos de Edwards, hay que leer con lentitud y con reflexión. Sin embargo, no cabe duda que el metanarrativo, el paradigma teológico de Edwards es en la escuela de Agustín, Lutero, y Calvino. Edwards refleja lo mejor del pensamiento puritano y la escuela reformada.

28: 5: "Por cuanto no atendieron a los hechos de Jehová, ni a la obra de sus manos, él los derribará y no los edificará." Pero si hubiere alguno dispuesto a ser convencido, que tenga la mente abierta a la luz, y que esté verdaderamente deseoso de conocer si la presente obra es de Dios, entonces es para mí una gran satisfacción y placer recomendarles las hojas que siguen, en las que hallarán las "señales distintivas" de tal obra, tal como se encuentran en las Sagradas Escrituras, aplicadas a la operación poco común que ha obrado en las mentes de muchos en esta tierra. Aquí el asunto es probado por la piedra de toque infalible de las Sagradas Escrituras, pesado en la balanza del santuario, con gran juicio e imparcialidad.[18]

Un escrito de este tipo es oportuno y necesario, y deseo fervientemente bendecir a Dios quien dispuso a su siervo a emprenderlo, y con gracia le ha ayudado a cumplirlo. El reverendo autor es conocido como "escriba docto en el reino". El lugar al cual ha sido llamado a ejercer su ministerio ha sido famoso por la religión experiencial. Y él ha tenido oportunidades para observar esta obra en muchos lugares[19] en los cuales ha aparecido con poder

---

[18] Cooper, en su introducción a esta obra de Edwards, enfatiza que es una obra con gran juicio e imparcialidad. Para mí, Edwards no tiene competencia. Aunque escrito hace aproximadamente 270 años, tiene una vigencia notable. La razón es clara: se trata de un hombre profundamente versado con la Biblia, pero lo que hace su obra tan vigente es su experiencia pastoral, su reflexión teológica, su sabiduría, la profundidad de su vivencia espiritual, su familiaridad con la historia, y su capacidad con el inglés en explicar conceptos en una manera filosófica y profunda. Es el mejor escrito sobre la psicología de la experiencia religiosa escrito desde una perspectiva netamente bíblica y evangélica. Muchos estudiosos tratan el tema de la psicología de la religión en una manera que desbarata la autenticidad de la experiencia religiosa, "explicando" todo dentro de un paradigma naturalista. No se preocupe, Edwards no es así. Nos hemos esforzado para captar el pensamiento, a veces "laberíntico" de Edwards, en el proceso de traducirle de inglés al castellano. La lectura de Edwards en inglés es pesada y difícil; favor de no desanimarse. Uno sufre, pero al final sale premiado.

[19] Edwards no solamente vio el obrar de Dios en su propia iglesia local, sino que, por su ministerio itinerante, fue testigo del obrar de Dios en una zona más amplia, que la califica a juzgar con más criterio el avivamiento.

y de conversar con muchos que han sido sujetos de ella. Estas cosas hacen que esté mejor calificado que muchos para esta empresa. Sus argumentos a favor de la obra provienen de la Escritura, la razón y la experiencia. Estoy convencido que todo lector sincero y juicioso dirá que escribe sin ser llevado por el entusiasmo ni ser influenciado por algún interés partidario.

Mas bien afirma el uso del saber humano; recomienda una prédica metódica que sea consecuencia del estudio y no sólo la oración; alienta la práctica de la caridad al juzgar a otros; y con gran fidelidad advierte de los peligros de lo que considera son las tachas o cosas que pueden impedir la obra.

Estoy convencido que muchos estarán agradecidos por este escrito. Los que ya tenían una opinión favorable de esta obra la verán confirmada, y puede que los que dudaban se encuentren convencidos y satisfechos. Pero si hubiera algunos que no pueden ver la firma de una mano divina en la obra, espero que guarden sus críticas y detengan su oposición para que no sean "tal vez hallados luchando contra Dios".

Tengo varias cosas más que decir, pero veo que debo suprimirlas para no exceder demasiado los límites de un prefacio. Me temo que debo pedir las disculpas del lector y los editores por la cantidad que ya he escrito. Pero no puedo evitar expresar mi deseo que todos aquellos que han estado familiarizados con esta obra en un lugar u otro transmitan sus relatos a manos de alguien como el autor de este escrito, para que puedan ser recogidos en una narración, así como la de las conversiones en Northampton que fuera publicada algunos años atrás, para que el mundo pueda conocer esta dispensación desde su principio, su progreso y sus diversas circunstancias. Es mi sentir que esto sería para honra del Espíritu Santo, cuya obra y función han sido tratadas con tanto desdén en el mundo cristiano.

Sería un testimonio abierto a la divinidad del evangelio despreciado, y puede que tenga un efecto positivo en otros lugares donde se sabría de esta maravillosa obra por este medio. No me cabe duda de que sería uno de los documentos más útiles de historia de la iglesia con las que el pueblo de Dios sería bendecido. Quizá se acercaría más que cualquier otro documento existente a los Hechos de los Apóstoles, y ninguna historia del mundo se acerca a él: ahí tenemos algo tan sorprendente como el libro de Génesis, y se abre a nuestra vista una nueva creación de otro tipo; pero debo contenerme.

Añadiré tan sólo mi oración que el digno autor de este escrito siga siendo durante largos años una luz que brilla en el candelero dorado en el cual Cristo le ha colocado, y que desde allí difunda su luz a lo largo y ancho de estas provincias. Que el Espíritu divino, a cuya causa nos adherimos, acompañe con su poderosa influencia esta y otras publicaciones valiosas de su siervo; que promuevan al interés del Redentor, sirvan para los propósitos de una religión vital, y así aumenten el gozo presente y la corona futura del autor.

WILLIAM COOPER
Boston, 20 de noviembre de 1741

Preguntas de Reflexión

Favor de consultar los comentarios 3, 4 y 13 en las anotaciones al pie de la página, para encontrar preguntas para estimular reflexión.

CAPÍTULO I: NUEVE SEÑALES AMBIGUAS PARA DETERMINAR SI UN AVIVAMIENTO ES O NO ES DEL ESPÍRITU DE DIOS

El más grande derramamiento[1] del Espíritu Santo que jamás se haya dado en la historia ocurrió en la era apostólica.[2] Las operaciones ordinarias del Espíritu Santo como son el convencimiento, la

---

[1] Esta sección fue traducida por Mónica Monge con Juan Zúñiga.

[2] El creyente en general, y el liderazgo espiritual en particular, requieren discernimiento. La tesis o idea principal de Edwards es que El Espíritu Santo tiene rasgos o características. El Espíritu Santo deja huellas. Debemos ejercer el discernimiento espiritual y apelar a los criterios bíblicos para poder diferenciar entre lo auténtico y lo espurio. El diablo trata de falsificar la obra de Dios. Debemos ser cautelosos, especialmente en tiempos de avivamiento, y ejercer el discernimiento, probando a los espíritus. Aun el Espíritu Santo se sujeta al proceso de evaluación. Edwards apela a I Juan como texto bíblico que ayuda mucho a discernir. Notemos aquí que el estudio de Edwards es principalmente un estudio expositivo.

conversión, la iluminación y la santificación de las almas, así como las operaciones extraordinarias que tienen que ver con sus milagros y el derramamiento de dones, no tienen comparación en la historia. Pero, así como las operaciones genuinas del Espíritu Santo abundaron, ocurrió lo mismo con las falsificaciones[3] de su obrar: El diablo abundó imitando las operaciones ordinarias y extraordinarias del Espíritu Santo como claramente se aprecia en los escritos apostólicos. Esto hizo indispensable que la Iglesia se equipara con determinadas normas que fueron señales claras y distinguibles del obrar del Espíritu Santo; con ellas se podría proceder con seguridad, discerniendo lo verdadero de lo falso, evitando el peligro de ser engañados.

El lugar en la Biblia donde este tema se trata más expresamente se encuentra en este capítulo (1 Juan 4) y es su objetivo entregarnos las normas mencionadas. Aquí el apóstol se compromete a proporcionar a la Iglesia las marcas distintivas del obrar del verdadero Espíritu, esperando que sean claras, seguras, y prácticas para ser usadas. A través de todo el capítulo insiste en que el asunto se maneje de una forma clara y competente, y sorprende[4] que no se

---

[3] La falsificación y tergiversación de la obra de Dios, la cizaña entre el trigo, es una de las herramientas más comunes del diablo para sabotear el obrar de Dios. Se presenta como ángel de luz (2 Cor. 11:14). Dios ha provisto dicho criterio.

[4] Edwards se queda perplejo ante tantos creyentes que no utilizan ni el criterio bíblico ni su discernimiento espiritual para orientarse durante los tiempos de mayor efusión del Espíritu. También es extraño en el día de hoy, en el mundo latino, frente a tal abundancia de supuestos "avivamientos", que haya tan poco criterio -tan poco cuidado- en el uso del discernimiento espiritual para averiguar bien y discernir entre lo auténtico y lo espurio. Tenemos la exhortación bíblica clara de examinar todo (1 Tes. 5:21). El texto bíblico dice en 1 Tesalonicenses 5:21"Examinadlo todo; retened lo bueno". Jeremías nos exhorta a sacar lo precioso de lo vil (Jeremías 15:19 "Por tanto, así dijo Jehová: Si te convirtieres, yo te restauraré, y delante de mí estarás; y si entresacares lo precioso de lo vil, serás como mi boca. Conviértanse ellos a ti, y tú no te conviertas a ellos"). La exhortación bíblica de ejercer nuestro discernimiento espiritual nos obliga a entender cuáles son los criterios bíblicos para poder descartar o aprobar, según sea el caso. La falta de familiaridad para con los criterios bíblicos nos hace culpables

tome en cuenta esta consideración hoy, en estos tiempos extraordinarios en los cuales hay una inusual y extendida operación del Espíritu Santo en las mentes de las personas; y donde, además, hay tanta variedad de opiniones y puntos de vista al respecto.

En este tema, el discurso apostólico es introducido por una ocasional mención sobre el morar del Espíritu, como una segura evidencia de una relación personal con Cristo; "Y el que guarda sus mandamientos permanece en Dios, y Dios en él. Y en esto sabemos que Él permanece en nosotros, por el Espíritu que nos fue dado".

De aquí podemos inferir que la intención del apóstol no sólo era dar las marcas que pueden ayudar a distinguir entre el verdadero Espíritu del falso en sus singulares dones de profecía y milagros, sino también en la manera usual que obra en los corazones de su pueblo, a fin de unirlos a Cristo y edificarlos en Él, lo cual se manifiesta también en las marcas que ellos han recibido sobre sí, de lo cual trataremos más adelante.[5]

Las palabras del texto son una introducción al discurso sobre las señales que distinguen al verdadero Espíritu del falso. Antes que el apóstol proceda a exponer los signos, él exhorta a los cristianos, primero, contra una excesiva credulidad[6], y un apresuramiento en

---

de la desobediencia al mandato bíblico de examinarlo todo. Y si somos desviados por engaño, no podemos disculparnos si hemos descuidado la exhortación bíblica.

[5] Edwards aquí hace alusión a la diferencia entre el obrar extraordinario y el obrar ordinario. Aquí vemos la preocupación pastoral de Edwards. No olvidemos que, ante todo, Edwards era pastor.

[6] La palabra en el inglés original es *over-credulousness*, que hemos aquí traducido como "excesiva credulidad". La idea literal es *sobre-credulidad*. La palabra en inglés *gullible* (ingenuo, cándido, inocentón, bobalicón - Océano: 513) sugiere la idea de ser fácilmente engañado. La siguiente palabra aquí traducida como "apresuramiento" es en el inglés original *forwardness*, que sugiere la idea de ser demasiado rápido en dar la aprobación. Edwards aquí está llamando a la comunidad cristiana a ser más cautelosa, más prudente, más circunspecta, antes de asimilar o rechazar una obra supuestamente del Espíritu de Dios. Cabe mencionar que, en el día de hoy, como en los días de Edwards, existen dos tendencias frente a la fenomenología del avivamiento: algunos aprueban con demasiada rapidez, otros rechazan con la misma celeridad; ambos están en el error por no acudir a las

admitir cada muestra ostensible como la obra de un verdadero Espíritu: "Amados, no creáis a cualquier espíritu, sino probad a los espíritus si son de Dios" y segundo, él demuestra que hubo muchas falsificaciones, "porque muchos falsos profetas han salido por el mundo".

Estos no solo pretendieron poseer los extraordinarios dones de inspiración del Espíritu de Dios, sino también distinguirse como los mejores amigos y los favoritos de Dios, poseyendo un grado superior de santidad, producto de las operaciones ordinarias de salvación y santificación del Espíritu Santo en sus corazones. Por consiguiente, hay que considerar la advertencia del apóstol como una instrucción para examinar y probar sus pretensiones en los dos sentidos mencionados.

Mi intención, por lo tanto hasta aquí, es mostrar cuáles son las verdaderas, seguras, y distinguibles evidencias de una obra del Espíritu de Dios, por las cuales podemos proceder con seguridad al juzgar cualquier operación que encontremos en nosotros mismos o veamos en otros. Y aquí advertiría que, en tales casos, debemos tomar las Escrituras[7] como nuestra guía. Esta es la gran norma

---

Escrituras y a sus rodillas (la oración reverente) para ejercer el discernimiento espiritual del caso.

[7] Edwards es netamente bíblico en su acercamiento al tema. Tal vez el lector no está suficientemente informado acerca de la tradición de los puritanos y de las de la reforma. Cabe aquí recalcar que el gran lema de la Reforma era *sola fide, sola gratia, sola scriptura*; a veces se juntan las tres en una sola frase: *solus Christus* (Diccionario de Historia de la Iglesia: 971). Como buen calvinista, Edwards estuvo profundamente arraigado en las Escrituras, y nos da un excelente ejemplo en su manera de establecer el criterio espiritual para discernir entre lo bueno y lo malo en tiempos de avivamiento. (Isaías 8:20 "¡A la ley y al testimonio! Si no dijeren conforme a esto, es porque no les ha amanecido"). No solamente para verificar con un *proof-text*, es decir, un "texto de prueba", sino mayormente para sumergir nuestra mente en la letra y el espíritu de las Escrituras. El discernimiento espiritual es fruto de una familiaridad con el Dios de las Escrituras y con las Escrituras de Dios. "Ah, Dios, levanta hombres y mujeres tan versados en las Escrituras, tan familiarizados con sus preceptos, que pronto puedan detectar las aberraciones y distorsiones de la carne, del diablo y del mundo religioso. Amén".

vigente que Dios ha dado a su iglesia a fin de guiarlos en cosas relativas a los grandes intereses de sus almas, y es una norma infalible y suficiente.

Indudablemente, hay suficientes marcas dadas para guiar a la iglesia de Dios en este gran asunto de juzgar espíritus, sin las cuales estaría expuesta a un desastroso engaño e irremediablemente susceptible de ser embaucada y devorada por sus enemigos. Y necesitamos no temer confiar en estas normas.

Sin duda, el Espíritu que inspiró las Escrituras sabía cómo darnos buenas normas por las cuales distinguir sus operaciones, de todas las que falsamente pretenden provenir de Él. Y esto, como antes lo observé, el Espíritu de Dios lo ha hecho aquí en el texto a propósito y de una manera más especial y plena que en cualquier otro lugar: así que, en mi presente discurso no iré a ningún otro lugar por normas o marcas para probar espíritus, sino que me limitaré a aquellas que encuentro en este capítulo. Pero, antes de proceder a hablar de ellas en forma particular, prepararé mi camino, **primero**, observando negativamente en algunos casos, cuáles no son signos o evidencias de una obra del Espíritu de Dios.[8]

Veamos signos negativos[9]; o los que no son signos por los cuales podemos juzgar una obra y, especialmente, las que no son evidencias que una obra no proviene del Espíritu de Dios.

---

[8] Notemos que Edwards se preocupa en corregir el falso criterio que algunos han establecido para discernir. Esto es importante. Básicamente, habiendo leído a Edwards, percibo una doble preocupación. Por un lado, ¿cuántos están demasiado abiertos a lo sobrenatural? Parece que algunos tienen una predisposición a lo sobrenatural y están fácilmente dispuestos a aceptar *ipso facto* cualquier manifestación sobrenatural como si fuera de Dios. En el otro extremo, se encuentran los que están demasiado cerrados a lo sobrenatural, y temen cualquier manifestación sobrenatural. Mientras el primer grupo acepta con demasiada facilidad; el segundo rechaza, rechaza dela misma manera. Ambos están en el error por no hacer el esfuerzo, a veces arduo, de mantener una actitud neutral y aplicar los criterios bíblicos con una dependencia del Espíritu del Señor. Edwards escribe para corregir a ambos grupos.

[9] Edwards tiene una manera muy peculiar de expresarse. Aquí, al principio de este capítulo, utiliza un inglés que es poco común. La traducción al español

1. Una obra inusual no significa un obrar del Espíritu

El hecho de que una obra sea inusual y extraordinaria no puede llevar a ninguna conclusión definitiva, siempre que se ubique dentro de los parámetros o límites establecidos por la Escritura. [10]

---

obliga a unas anotaciones aclaratorias. Como se trata de un concepto fundamental, hemos visto necesario escribir un poco más extensamente sobre el tema. Cuando Edwards habla de "no señales" o, como dice el título de la sección #1, "señales negativas" o "no evidencias que una obra sea del Espíritu de Dios" debemos detenernos un poquito para pensar. ¿Qué quiso decir cuando hablaba de "señales negativas"? Básicamente, está hablando de "señales ambiguas". Cuando habla de señales, está hablando de manifestaciones, acontecimientos y fenomenología. Cuando habla de señales negativas, afirma que la presencia o ausencia de dichas señales es "poco concluyente" o "no decisiva". La palabra clave en inglés es *inconclusive*. Edwards en esta sección analiza ciertas señales que algunos ven como evidencia de que hay un avivamiento que proviene del Espíritu de Dios, y no está de acuerdo con ellos. Dice que dichas cosas no son señales concluyentes o evidencias contundentes de que la obra sea del Espíritu. En sentido paralelo, analiza ciertas señales que algunos ven como evidencia de que no hay un avivamiento proveniente del Espíritu de Dios, y también esta en desacuerdo con ellos. Dice que dichas cosas tampoco son señales concluyentes o evidencias contundentes de que la obra sea (o no sea) del Espíritu. Vale aclarar: según Edwards, hay cierta fenomenología cuya presencia o ausencia no significa nada acerca de si la obra es de Dios o no. Edwards apela a otras señales, otros factores para establecer si una obra es de Dios o no. A estas señales las llama *yes signs*, las "señales positivas". En otras palabras, Edwards se preocupa en este capítulo de descartar falsos criterios para aceptar o rechazar una obra.

Con este preámbulo, Edwards procede a registrar y diagnosticar nueve "señales ambiguas". Es sumamente valioso evaluar estas señales porque algunas de ellas sirven en la actualidad para justificar y "probar" que una obra es un avivamiento de Dios. También es valioso y muy vigente, para el día de hoy, porque algunos consideran que la presencia de dichas señales es evidencia de que una obra no puede ser de Dios. La historia se repite; por eso Edwards habla hoy.

Es importante reconocer que algunas de las "señales negativas" no son muy vigentes para el día de hoy. Durante la época de Edwards, considerando su contexto social, cultural, religioso y político, sucedieron ciertas cosas propias del tiempo. En estos casos, debemos tratar de entender el contexto del Primer Gran Despertar y aprender de los argumentos de Edwards, aunque sea de una manera secundaria.

[10] La primera señal negativa es algo muy común y muy vigente. A veces escuchamos "…pero no lo hemos hecho así antes". Si Dios obra de manera no

A lo que la iglesia ha estado acostumbrada no es una regla por la cual juzgar, porque puede haber nuevas y extraordinarias obras de Dios, y evidentemente antes Él ha obrado de una manera extraordinaria. Ha hecho que ocurran cosas nuevas, obras extrañas y ha trabajado de tal forma que sorprenda a hombres y a ángeles. Y como Dios ha obrado así en tiempos pasados, no tenemos razón para pensar que no pueda hacer lo mismo nuevamente. Las profecías de la Escritura nos dan razón para pensar que Dios tiene cosas por cumplir, que aún jamás han sido vistas. Ninguna variación de lo que ha sido usual hasta aquí y que no presenta una desviación apreciable de las normas prescritas, es argumento para decir que una obra no procede del Espíritu de Dios.

El Espíritu Santo es soberano en su obrar y sabemos que actúa de formas diversas, siendo nosotros incapaces de determinar la gran variedad que puede usar dentro de los límites de las reglas que Él mismo ha fijado.

Por lo tanto, no es razonable concluir que una obra no sea del Espíritu de Dios porque el grado en que las personas son impactadas nos parezca desmedido.[11] Si ellos al parecer llegan a una extraordinaria convicción de la terrible naturaleza del pecado, y a una inusual percepción de su mísera condición sin Cristo; o a una visión singular de la gloria y certeza de las cosas divinas y en proporción a lo vivido son movidos a experimentar emociones de

---

usual, de forma extraordinaria, algunos de facto lo rechazan porque sale de sus parámetros de tolerancia. Otra manera de expresar este argumento es **la santa tradición**. Aunque algunos evangélicos rechazan como herejía la doctrina católica que coloca la tradición a la par con (o peor aún, por encima de) las Sagradas Escrituras, en la práctica, son culpables del mismo defecto. Si el obrar supuestamente de Dios no se conforma al *modus operandi*, "MO", (procedimiento) de Dios en el pasado, no es aceptado. Según Edwards, dicho criterio es antibíblico y tiende a apagar y entristecer al Espíritu Santo.

[11] Si Dios obra de una manera que crea una influencia extraordinaria en las emociones de los creyentes, o es muy repentina, y abundante, no descarte la posibilidad que sea del Espíritu de Dios.

temor y tristeza, deseo, amor, o gozo, más allá de lo común; o si el cambio es muy repentino, y la obra ha sido llevada a cabo con inusual prontitud y las personas afectadas son muy numerosas, y muchas de ellas son muy jóvenes y se dan además otras cosas fuera de lo común, sin infringir los marcos que la Escritura da para considerar que una obra es del Espíritu; todo esto no es argumento para afirmar que la obra no sea del Espíritu de Dios.

El grado inusual y extraordinario en que obra el Espíritu Santo y el poder con que se realiza, si en su naturaleza están de acuerdo a las normas y marcas dadas en la Escritura, es más bien un argumento a su favor. Cuanto más alto sea el grado en que en su naturaleza se ajuste a la norma, tanto mayor será la conformidad a ella, y tanto más será evidente su validez. Cuando lo experimentado se ajusta en menor grado a la regla, no será tan fácil aceptarlo como genuino.

Hay una gran propensión en las personas a dudar de cosas que no les son familiares[12]; especialmente cuando son personas mayores, les es difícil pensar que sea correcto aquello a lo que nunca han estado acostumbrados durante sus vidas, y de lo que no han oído que haya ocurrido en los días de sus padres. Pero si fuera buen argumento el hecho que una obra no sea del Espíritu de Dios porque es muy inusual, hay que recordar que fue inusual lo que ocurrió en los días de los apóstoles. La obra del Espíritu entonces fue llevada a cabo de una manera, en muchos aspectos, totalmente nueva; de tal forma que nunca había sido vista u oída desde que el mundo fue creado. La obra fue entonces llevada a cabo con más visible y notorio poder, como nunca había ocurrido.

Tampoco antes se había visto tan poderoso y maravilloso impacto del Espíritu de Dios en cambios repentinos y en un gran

---

[12] Edwards observa que los ancianos de la iglesia con frecuencia tienen dificultades para aceptar un avivamiento si hay un elemento anormal y extraordinario presente. Pero Edwards argumenta que en Pentecostés esto no fue un impedimento.

compromiso y celo entre enormes multitudes. Tan repentina transformación en pueblos, ciudades y países; tan apresurado progreso, y vasta extensión de la obra, y muchas otras extraordinarias circunstancias podrían ser mencionadas. Lo tremendamente inusual de la obra sorprendió a los judíos, que no supieron qué hacer a pesar de no creer que fuera obra de Dios: muchos miraban a las personas --que fueron los medios a través de los cuales Dios obró-- como si hubieran perdido la razón, como se puede ver en Hechos 2:13; 26:24; y 1 Co.4:10.[13]

Hechos de los Apóstoles 2.13 Pero otros se burlaban y decían: "Están borrachos."

Hechos de los Apóstoles 26.24 Mientras *Pablo* decía esto en su defensa, Festo dijo a gran voz: "¡Pablo, estás loco! ¡*Tu* mucho saber te está haciendo perder la cabeza!"

1 Corintios 4.10 Nosotros somos necios por amor de Cristo, pero ustedes, prudentes en Cristo. Nosotros somos débiles, pero ustedes, fuertes: Ustedes son distinguidos, pero nosotros, sin honra.

Y por lo que nos dice la profecía bíblica, tenemos suficiente base para suponer que el inicio del más grande derramamiento del Espíritu tendrá lugar en los últimos días del mundo. La manera de obrar del Espíritu será tan extraordinaria, como nunca ha ocurrido; así que entonces habrá ocasión para decir como en Isaías 66:8:

Isaías 66.8 ¿Quién ha oído cosa semejante? ¿Quién ha visto tales cosas? ¿Es dado a luz un país en un solo día? ¿Nace una nación *toda* de una vez? Pues Sion apenas estuvo de parto, dio a luz a sus hijos.

Se puede esperar, razonablemente que en aquel tiempo la manera extraordinaria del obrar del Espíritu Santo guardara proporción

---

[13] Edwards razona que las Escrituras proféticas sostienen la presencia de señales de naturaleza extraordinaria.

directa con todos los extraordinarios eventos y el cambio glorioso que experimentará el mundo por medio de la mencionada intervención divina.

2. Una obra no debe ser juzgada por manifestaciones externas

Una obra no puede ser juzgada por ninguna de las manifestaciones físicas[14] que ocurren en los hombres, tales como lágrimas, temblores, gemidos, alaridos, risa, agonía, o pérdida de la energía corporal.

La influencia bajo la cual las personas se caen no debe ser juzgada de ninguna manera por sus manifestaciones físicas, y la razón es porque en ninguna parte de las Escrituras se encuentra regla semejante. No podemos concluir que las personas estén bajo la influencia del verdadero Espíritu porque se presentan determinadas manifestaciones físicas, porque esto tampoco es un criterio para reconocer el obrar del verdadero Espíritu. Por otro lado, tampoco hay base para concluir que cualquier manifestación externa es prueba de que aquellas personas no están bajo la influencia del Espíritu de Dios, pues no hay regla en la Escritura para juzgar los espíritus que directa o indirectamente excluya las manifestaciones físicas.

Cuando consideramos, por un lado, la naturaleza divina y las cosas que tienen que ver con la eternidad y, por otro, la naturaleza

---

[14] En una época caracterizada por la fenomenología del avivamiento de Toronto, con expresiones corporales muy inauditas, debemos contemplar las sugerencias de Edwards. Algunos ven las caídas como prueba de la presencia del Espíritu, otros las ven como prueba de la presencia del diablo. Edwards afirma que dichas caídas son señales ambiguas, y que no se puede concluir acerca de la paternidad de la obra basándose en dicha fenomenología, sea para acreditar o desacreditar, o sea para apoyar o rechazar. El criterio para determinar si una obra es de Dios, del Espíritu o no, no está en esta fenomenología.

humana[15] y las leyes que rigen la unidad entre el cuerpo y el alma, entonces es fácilmente explicable cómo el obrar del Espíritu y la comprensión del verdadero y real sentido de las cosas, pueden producir tales manifestaciones físicas, aun aquellas que pertenecen a las más extraordinarias, tales como perder la fuerza física y experimentar violentamente terribles agonías corporales, lanzando tremendos alaridos.

No hay ninguno de nosotros que suponga y que esté listo para afirmar en cualquier momento que la miseria del infierno sea sin duda tan terrible y la eternidad tan vasta, que, si una persona tiene clara conciencia de la dimensión de su miseria, eso sea más de lo que su endeble estructura corporal puede soportar. Especialmente, si al mismo tiempo tiene una visión clara del gran peligro en que se halla y la incertidumbre de si saldrá liberado de ella; y no solo eso, sino que esta inseguridad esté presente cada día, en cada hora.

Si consideramos la naturaleza humana, no debemos maravillarnos de que las personas cuando tienen una percepción clara de aquello que es terriblemente horrendo, y a la vez tienen una clara visión de su propia maldad y de la ira de Dios, las cosas les parezcan el augurio de una inminente destrucción. Vemos que la naturaleza del hombre es tal que cuando está en peligro de alguna terrible calamidad a la cual se siente sobreexpuesto, cualquiera sea su situación, está presto a creer que la desgracia está ya en camino. Cuando los corazones de las personas están llenos de temor en tiempo de guerra, fácilmente tiemblan al sacudirse una hoja, y esperan al enemigo cada minuto, y dicen dentro de sí "ahora me asesinarán".

---

[15] Dicha fenomenología, para Edwards, es muy consecuente con lo divino. La miseria del infierno, la inmensidad de lo eterno, la naturaleza efímera de la vida y la ira de Dios, tomado en conjunto, conducen a efectos corporales que son totalmente legítimos e incluso razonables. Aquí Edwards aparentemente aprueba la presencia de las caídas como evidencia de la obra del Espíritu de Dios. Pero no es así; solamente concluye que puede ser, pero que no es evidencia determinante ni concluyente.

Si imaginamos a una persona viéndose a sí misma sobre un gran pozo[16] lleno de voraces y ardientes llamas, colgada de un hilo que sabe que es muy débil y no lo suficientemente fuerte como para soportar su peso, sabiendo que multitudes han estado antes en tales circunstancias y que la mayoría ha caído y perecido, y no ve nada a su alcance de donde asirse que lo pueda salvar, ¡en qué angustia se encontraría! ¡Cuán fácil sería pensar "el hilo se está rompiendo; ahora, en este instante, seré tragado por aquellas terribles llamas"! ¿No estaría listo a gritar en tales circunstancias? ¡Cuánto más aquellos que, de esta manera, se ven a sí mismos colgando sobre un pozo infinitamente más aterrorizante, suspendidos por la mano de Dios, quien, al mismo tiempo ven que está siendo provocado en extremo! No es de sorprender que la ira de Dios, cuando se manifiesta sobre el alma tan solo ligeramente, desborde el vigor humano.

Por eso, fácilmente se puede concluir que, cuando existe una clara conciencia de la gloriosa excelencia del Señor Jesucristo, de su maravilloso amor que lo llevó hasta la muerte y el ejercicio de un amor y gozo verdaderamente espirituales, las fuerzas físicas sean derrotadas.[17]

---

[16] Aquí, Edwards hace alusión a su famoso sermón, "Pecadores en las manos de un Dios airado" que publicaremos como parte de esta serie de pensamientos acerca de Edwards. El impacto de la prédica de dicho sermón fue asombroso. Tan poderoso fue su prédica que los oyentes sintieron como que ellos mismos caían dentro del abismo del fuego eterno. Algunos, en plena prédica, gritaron por la emoción. Algunos críticos del avivamiento decían que fue manipulación humana y evidencia de que no era del Espíritu. Los argumentos presentados aquí por Edwards rechazan dicha lógica mal informada.

[17] Aquí Edwards apela a las experiencias de personajes bíblicos, tales como Moisés, Ezequiel, Pablo y Juan que cayeron al suelo como hombres muertos por la manifestación de Cristo. En particular apela al amor de Cristo como verdad que tiende a tumbar a una persona cuando comprende su magnitud. De la misma manera, las experiencias anticipadas de las glorias del cielo tienden a producir dichas manifestaciones corporales. Cuando uno lee los sermones de Edwards sobre la excelencia de Cristo, se da cuenta de la intimidad y profundidad de la relación entre ellos. Igualmente, cuando uno lee acerca de las experiencias espirituales de su esposa Sarah, y cómo ella había experimentado un conocimiento

Todos nosotros estamos dispuestos a reconocer que ningún hombre puede vivir luego de ver a Dios y que solo una fracción muy pequeña de la comprensión de la gloria y del amor de Cristo que los santos disfrutan en el cielo, puede ser soportada por nuestra estructura física presente; por lo tanto, no es raro que Dios algunas veces haga probar a sus santos el sabor celestial, a tal punto que las fuerzas físicas no puedan resistirlo.

Si no está registrado que la reina de Sabá[18] desfalleció y se quedó sin fuerzas cuando fue a ver la gloria de Salomón, mucho menos lo está aquello que tiene que ver con quien es el "paralelo" de la reina de Sabá, la iglesia, la cual es traída, como ocurrió, desde muy lejos, desde los confines de la tierra, siendo peregrina y extranjera, en un estado de pecado, de miseria, y que debió desfallecer cuando vio la gloria de Cristo, quien a su vez, es "paralelo" de Salomón. Esto especialmente será así en aquel próspero, pacífico, y glorioso reinado que Él establecerá en el mundo al final de los tiempos.

Algunos objetan contra tales manifestaciones extraordinarias; dicen que no hay casos así registrados en el Nuevo Testamento. Aun admitiéndolo, no encuentro la validez de esta objeción, si ni la razón, ni ninguna regla bíblica excluyen tales cosas; especialmente si consideramos lo que fue observado en el pasaje anterior.

No conozco que en el Nuevo Testamento exista alguna referencia expresa de alguna persona llorando o gimiendo,

---

de Cristo muy profundo, entendemos que está escribiendo desde la perspectiva de su experiencia personal. Pensamos publicar el sermón de Edwards sobre la excelencia de Cristo y la experiencia espiritual de su esposa en esta serie de pensamientos de Edwards sobre el avivamiento.

[18] Es preciso evaluar el uso de la alegoría dentro de la hermenéutica de Edwards. La reina de Sabá como figura de la iglesia y Salomón como figura de Cristo, y la reacción de Sabá como justificación de los efectos corporales durante el tiempo del avivamiento. Antes de descartar a Edwards como un exegético con una hermenéutica irresponsable, hay que sumergirse en sus escritos y estudios expositivos. Por eso queremos publicar varios de sus sermones y estudios exegéticos como parte de la serie.

lamentándose por temor al infierno o teniendo conciencia de la ira de Dios; pero ¿habría alguien tan necio como para argüir a partir de esto que las convicciones de cualquiera que experimente estas cosas no provienen del Espíritu de Dios?[19] Por consiguiente, la razón por la que no argüimos de esta forma se debe a que estas manifestaciones se explican fácilmente a partir de lo que conocemos de la naturaleza humana y de lo que las Escrituras nos refieren, de manera general, en lo que concierne a la naturaleza de las cosas eternas y a la naturaleza de las convicciones que da el Espíritu de Dios; así que no hay necesidad de que, en lo que concierne a los efectos externos y circunstanciales, las Escrituras tengan nada en particular que decir.

Nadie supone que para cada manifestación externa y accidental de lo que ocurre al interior de la mente exista una referencia expresa en la Escritura. Y aunque tales circunstancias no sean registradas de manera particular en la historia sagrada, hay enormes razones para creer a partir de los registros generales que tenemos, que no podría ser de otra manera que tales cosas se diesen también en aquellos días.

Hay también razón para pensar que semejante derramamiento del Espíritu no pudo haberse dado sin aquellos extraordinarios efectos físicos en las personas. El carcelero [20]en particular, parece haber estado en esa condición por un momento, cuando en la mayor angustia y asombro vino temblando y cayó ante Pablo y Silas. Su caída en ese momento no parece haber sido un deseo de ponerse en una postura de súplica o humillación dirigida a Pablo y Silas, pues

---

[19] La fenomenología inusual sin precedente bíblico no es un argumento muy fuerte. Según Edwards, más que al precedente bíblico, hay que apelar a otras evidencias. Veremos en la siguiente sección estas señales positivas.

[20] Edwards apela a los casos del carcelero (Hechos 16:29,30), del Salmista (Salmo 32:3,4), de los discípulos (Mat. 14:26), y de la esposa (Cantares 2:5) para justificar bíblicamente cierta fenomenología durante el avivamiento.

no parece haberles dicho nada entonces; sino que luego de sacarlos fuera, recién entonces les dice:

Hechos de los Apóstoles 16.29–30 Entonces él pidió luz y se precipitó adentro, y temblando, se postró ante Pablo y Silas, y después de sacarlos, dijo: "Señores, ¿qué debo hacer para ser salvo?"

Más bien, su caída parece haber sido producto de la misma causa de su temblor. El salmista da cuenta de su llanto en voz alta y de un gran debilitamiento que su cuerpo experimenta como resultado de una convicción de conciencia y un sentido de culpa por el pecado (Sal.32: 3,4):

Salmo 32.3–4 Mientras callé *mi pecado*, mi cuerpo se consumió Con mi gemir durante todo el día. Porque día y noche Tu mano pesaba sobre mí; mi vitalidad se desvanecía con el calor del verano. (Selah)

Al respecto, es mucho lo que podemos sacar en claro; esto es, que el efecto de tal convicción de pecado bien puede ser admitido en algunos casos, porque si pensamos que hay cierto grado de exageración en las expresiones, el salmista no describiría su caso por medio de lo que pareciera ser absurdo, y ninguna de las cosas de las que habló seguiría esa línea.

Leemos de los discípulos en Mt.14:26, que cuando vieron a Cristo viniendo hacia ellos en la tormenta y lo tomaron por algún terrible enemigo, temiendo su destrucción en esa tormenta, "dieron voces de miedo". ¿Por qué, entonces, debe parecer extraño que las personas griten de miedo cuando Dios se les aparece como un terrible enemigo, y ellos se ven a sí mismos en el gran peligro de ser tragados por el abismo sin fondo de la desgracia eterna? La esposa, una y otra vez, habla de sí misma como subyugada por el amor de Cristo, al punto de perder las fuerzas y desfallecer.

Cantares 2.5 Susténtenme con tortas de pasas, reanímenme con manzanas, porque estoy enferma de amor. **Cantares 5.8** Yo les ruego, oh hijas de Jerusalén, si encuentran a mi amado, ¿Qué le han de decir?: Que estoy enferma de amor."

De esto podemos al menos sacar en claro, que un efecto como aquel, en algunos casos bien puede admitirse que surge en los santos como resultado de tal motivo; y que un efecto como éste, algunas veces se podrá ver en la iglesia de Cristo.

Es una débil objeción tomar como argumento que también las impresiones de los fanáticos produzcan un gran efecto en sus cuerpos. Que los cuáqueros[21] acostumbren a temblar no es argumento para decir que Saulo, después Pablo, y el carcelero no temblaron ante profundas convicciones de conciencia. De hecho, este tipo de objeciones a los efectos que se producen en el cuerpo, sean grandes o pequeños, parecen ser extremadamente frívolas.

Los que sostienen este punto de vista prosiguen en la oscuridad, no saben cuán bajo están cayendo ni por qué regla juzgar. Lo que se debe observar es la raíz de las cosas, lo que se debe inquirir en la naturaleza de las operaciones y afecciones (emociones) para ser examinadas a la luz de la palabra de Dios, y no las emociones y las reacciones naturales en sí mismas.

---

[21] Edwards aquí está contestando a la oposición de los críticos que muestran el extremismo de algunos grupos, como por ejemplo los cuáqueros, para condenar el avivamiento. Según los críticos, los extremos emocionales de algunos grupos nos deben advertir del peligro del sentimentalismo. Edwards está de acuerdo en parte. Debemos tener cuidado con el sentimentalismo, pero no por eso debemos anular las emociones. Los cuáqueros (Sociedad de Amigos) eran un grupo conocido por ciertas prácticas emocionales. El nombre "Cuáquero" significa literalmente "Temblador" porque temblaban como manifestación de la presencia de Dios.

3. Una obra seguida de gran aplauso no es evidencia del obrar del Espíritu

Una operación en la mente de las personas respecto a temas religiosos que cause gran ruido no es argumento para decir que no sea una obra del Espíritu de Dios. [22]

Porque, aunque la verdadera religión sea de una naturaleza contraria a la de los fariseos, la cual ostentosamente se complacía en mostrarse a sí misma a la vista de los hombres para ganar el aplauso, sin embargo, la naturaleza humana es tal, que es moralmente imposible que cuando hay un gran interés, una fuerte emoción, y un total compromiso de un pueblo, esto no cause una notable, visible y abierta conmoción y alteración en medio de ese pueblo.

El hecho que las personas estén demasiado exaltadas no es argumento para negar que estén bajo la influencia del Espíritu de Dios, ya que en realidad las cosas espirituales y eternas son tan maravillosas y de tan infinita importancia que sería necio que los

---

[22] Edwards habla aquí de mucho "ruido". Es un modismo, una expresión idiomática del inglés antiguo. El documento original dice *"it occasions a great deal of noise about religion"*. Se refiere al hecho de que muchos de los afectados dieron testimonio de su experiencia con Dios, y algunos de los críticos consideraron que el uso extensivo del testimonio como *modus operandi* (MO) de Dios era inapropiado. Para apreciar dicho argumento, debemos entender algo del respeto que los puritanos tenían por la Palabra expuesta. Ellos creían que los medios de la gracia de Dios eran la palabra de Dios y los sacramentos. Cuando el avivamiento se extendía por el testimonio, veían esto como una amenaza a la centralidad y naturaleza sagrada de la Palabra y el púlpito. Aquí cabe mencionar que el MO de Dios durante el avivamiento muchas veces tiene que ver con el testimonio. Los estudios de los avivamientos han confirmado que el avivamiento de Gales (1904, 1905) y el avivamiento de Asbury (1970, 1971) fueron difundidos por medio de los testimonios. Realmente, en la historia de los avivamientos consta que el papel del testimonio como medio de promulgación ha sido sumamente importante. Debemos repasar los conceptos bíblicos que vinculan el testimonio con la expansión del evangelio. Observe el argumento de Edwards bajo el punto 5, donde elabora el papel del testimonio en la extensión del obrar de Dios.

hombres fuesen solo medianamente afectados y movidos por ellas[23]. Con plena certeza, no es argumento para afirmar que no sean movidos por el Espíritu de Dios, porque son afectados por estas realidades espirituales conforme a su valor y en proporción a su importancia. ¿Nunca se ha visto, desde que el mundo existe, que un pueblo, sea cual fuere, siendo afectado grandemente por Dios en algún asunto, reaccione sin ruido o agitación?

De hecho, Cristo dice en Lucas 17:20, "El reino de Dios no vendrá con advertencia", esto es, no consistirá en lo que es externo y visible; no será como los reinos terrenales que se establecen con pompa externa en algún lugar determinado, el cual de manera especial se convierte en la ciudad real y asiento del reino; como Cristo mismo lo explica en las palabras que siguen,

> **Lucas 17.20–21** Habiendo preguntado los Fariseos a Jesús cuándo vendría el reino de Dios, Él les respondió: "El reino de Dios no viene con señales visibles, ni dirán: '¡Miren, aquí *está!*' o: '¡Allí *está!*' Porque, el reino de Dios está entre ustedes."

No es que el reino de Dios será establecido en el mundo, sobre las ruinas del reino de Satanás, sin mayores cambios visibles; al contrario, el mundo entero contemplará con asombro una poderosa transformación en el estado de las cosas: pues este resultado es el que se sostiene en las profecías de la Escritura y es sostenido por Cristo mismo en este texto en su propia explicación de las palabras anteriormente mencionadas, vs. 24:

---

[23] Edwards toma el argumento de los críticos y lo utiliza en su contra. Lejos de ser un argumento en contra del avivamiento, él arguye que es absurdo y pecaminoso que nosotros como seres humanos, permanezcamos tan indiferentes (y poco movidos) frente a las grandezas del amor de Dios.

Lucas 17.24 "Porque como el relámpago al fulgurar resplandece desde un extremo del cielo hasta el otro extremo del cielo, así será el Hijo del Hombre en Su día.

Esto es para distinguir la venida de Cristo para establecer su reino, de la venida de los falsos cristos, los cuales, nos dice, vendrán de una manera privada en los desiertos, y en lo secreto de las cámaras; mientras que el evento del establecimiento del reino de Dios debe ser abierto y público, a la vista de todo el mundo, con una clara manifestación, como un relámpago que no se puede esconder, pero deslumbra en cada ojo, y brilla de un extremo del cielo al otro. Además, encontramos que, por ese notable derramamiento del Espíritu en los días de los apóstoles, cuando venga el reino de Cristo ocasionará un gran bullicio en todas partes.

¡Cuán poderosa oposición hubo en Jerusalén, con ocasión de ese gran derramamiento del Espíritu! ¡Y así también en Samaria, Antioquia, Éfeso, Corinto, y otros lugares! El asunto llenó el mundo de ruido y le dio ocasión a algunos para decir que los apóstoles habían puesto al mundo de cabeza (Hch.17:6).[24]

4. Una obra que produzca gran impacto en la mente no es evidencia de un obrar del Espíritu

Una operación en la mente de las personas que produzca grandes impresiones en su imaginación no es argumento para decir que no sea una obra del Espíritu de Dios.[25]

---

[24] El precedente bíblico de Hechos justifica, en la mente de Edwards, la presencia de mucho "ruido" y efervescencia (el inglés dice *stir*, "revolver", que aquí hemos traducido "oposición").

[25] Aparentemente la prédica de Edwards produjo un efecto tan profundo que muchos contemplaron con mucho realismo las imágenes descritas por él. Los críticos tomaron esto como manipulación; dijeron que era evidencia de inestabilidad emocional e histeria. Edwards argumentó que el papel de la imaginación es absolutamente indispensable en la comunicación de la verdad, y

Que las personas reciban muchas impresiones en su imaginación, no prueba que no tengan nada más. Es fácil explicar que exista mucho de esto en un pueblo en el que una gran multitud, compuesta de toda clase de individuos, tengan sus mentes concentradas intensamente en pensamientos y fuertes afecciones de cosas que no ven; ciertamente sería extraño si no las hubiera. Así es nuestra naturaleza, no podemos pensar en cosas invisibles sin un grado de imaginación.

Me atrevo a desafiar a cualquier hombre, de los que tienen las más grandes capacidades mentales, si es capaz de fijar sus pensamientos en Dios o Cristo, o en las cosas del otro mundo, sin que le vengan imágenes que acompañen sus meditaciones. Y mientras más concentrada esté la mente, y más intensa sea la contemplación y afección, será normal que más vívida y fuerte sea la imagen que se forma, especialmente cuando es acompañada de admiración. Y este es el caso cuando por primera vez se presenta la imagen y apela fuertemente a las pasiones, como el temor o el gozo; y cuando el cambio de estado y las visiones de la mente son repentinas, yendo de un extremo a otro, desde lo que es extremadamente aterrador hasta aquello que es extremadamente arrebatador y delicioso. Y no es sorprendente que muchas personas no distingan bien entre lo que es imaginario y aquello que es intelectual y espiritual, y tiendan a poner demasiado énfasis en la parte imaginaria, estando mayormente dispuestos a hablar de eso cuando dan cuenta de sus experiencias, especialmente las personas de menos entendimiento y capacidad de discernimiento.

Debido a que Dios nos ha dado la facultad de la imaginación, y así ha hecho que no podamos pensar en cosas espirituales e invisibles sin que se ejercite esta facultad, así también me parece que nuestra condición y naturaleza son tales, que esta facultad es

---

que el Espíritu Santo emplea la imaginación para despertar la conciencia del oyente.

realmente útil y de ayuda a las otras facultades mentales, cuando se hace un uso apropiado de ella.

Sin embargo, algunas veces, cuando la imaginación es demasiado fuerte y las otras facultades débiles, ésta las reprime y las perturba en su funcionamiento. Me parece evidente, en muchos de los casos en que he sido informado, que Dios realmente ha hecho uso de esta facultad para verdaderos propósitos divinos, especialmente en algunas personas que son menos instruidas. Dios parece condescender a sus circunstancias, y tratar con ellos como con bebés; como antiguamente instruía a su iglesia a través de tipos y representaciones externas, mientras ésta se encontraba en una situación marginal y de ignorancia. No puedo ver nada irrazonable en tal posición. Que otros, que tienen mucha ocasión de tratar con almas en asuntos espirituales, juzguen si la experiencia no lo confirma.

No es argumento válido decir que una obra no sea del Espíritu de Dios porque algunos que han sido objeto de ella hayan tenido un tipo de éxtasis[26] en el que hayan sido llevados más allá de sí mismos, y sus mentes hayan sido transportadas hacia un proceso de fuertes y deleitosas imaginaciones, y un tipo de visiones gloriosas como si hubiesen sido raptados hasta el cielo. He sido informado de algunos casos así y no veo la necesidad de traer, con ayuda del diablo, la explicación que nosotros damos a estas cosas, ni suponiendo que hayan sido de la misma naturaleza de las visiones de los profetas, o del rapto de San Pablo al paraíso.

La naturaleza humana está bajo estos intensos ejercicios y afecciones; es todo lo que se necesita tener en consideración. Si se

---

[26] El lector aquí debe familiarizarse con las experiencias espirituales de algunos de los sujetos del avivamiento del Primer Gran Despertar. Por ejemplo, Edwards documenta la experiencia mística de su esposa y luego la analiza y la estudia con la perspicacia de un teólogo, un psicólogo y un pastor versado en la vida espiritual más profunda. Lamentablemente, no hemos podido incluir dichos testimonios en esta edición. Pero confiamos hacerlo más adelante como parte de esta serie.

puede explicar satisfactoriamente que las personas que experimentan una profunda conciencia de la maravillosa y gloriosa grandeza de las cosas divinas, así como de su excelencia, además de visiones de la belleza y el amor de Cristo que arrebatan el alma, experimentan también un debilitamiento de sus fuerzas físicas, como ya he mostrado que puede ocurrir, entonces, en absoluto me parece que sea extraño que entre la muchedumbre de aquellas personas haya quienes conforme a su propia constitución, también sean afectadas en su imaginación.

El efecto es proporcional y análogo a otros efectos que son resultado de un fuerte ejercicio de sus mentes. No es de sorprender que cuando los pensamientos son tan fijos y las afecciones tan fuertes, y el alma entera está extasiada y absorta, que todas las otras partes del cuerpo sean también afectadas hasta ser privadas de sus fuerzas, y que toda la estructura física se vea conmovida.

¿Es que hay algo sorprendente en que, en un caso así, la mente en particular (especialmente en algunas constituciones), que sabemos es en mayor grado afectada cuando experimenta intensas contemplaciones y ejercicios mentales, sea tan afectada que su fuerza y espíritu, por un lapso de tiempo, se desvíe y se aparte de las percepciones recibidas por los sentidos, a fin de, ocuparse exclusivamente en imaginaciones placenteras y deleitarse conforme a lo que en ese momento esté experimentando en su estructura? Algunos están listos a interpretar equivocadamente estas cosas y ponen demasiado énfasis en cosas como visiones proféticas, revelaciones divinas, y algunas veces admoniciones celestiales de lo que sucederá, cuyo resultado, en algunos casos he sabido, ha sido bastante diferente.

Sin embargo, me parece que tales cosas provienen evidentemente, algunas veces[27] del Espíritu de Dios, aunque

---

[27] Noten ustedes la cautela de Edwards. No avala toda experiencia mística, pero tampoco considera como anatema la presencia de experiencias de este tipo.

indirectamente; esto es, ese marco mental fuera de lo común y el vigoroso y vívido sentido de las cosas divinas que lo ocasionan, proviene del Espíritu. La mente continúa en tal estado de santidad y retiene un sentido divino de la excelencia de las cosas espirituales hasta llegar al éxtasis; tal sentido y santo estado proviene del Espíritu de Dios, aunque las imaginaciones que lo acompañen no sean sino accidentales[28], y por lo tanto, habitualmente existe en ellas una u otra cosa que sea confusa, impropia y falsa.

5. Una obra producto del testimonio personal no es necesariamente una señal de un obrar del Espíritu

Que el testimonio sea un gran medio para producir una renovación, no es ninguna señal de que la obra no sea del Espíritu de Dios.

Ciertamente no es argumento el que un efecto no sea de Dios porque se haya usado medios en producirlo. Sabemos que la manera de obrar de Dios en este mundo es haciendo uso de métodos y por eso no puede ser más un argumento en contra del origen divino de un efecto que éstos hayan sido usados. Está en concordancia con la Escritura el que las personas sean influenciadas por el buen ejemplo de otras. La Escritura nos guía a establecer buenos ejemplos con ese fin: Mat.5:16; 1 Pe.3:1; 1 Ti.4:12, Tito 2:7.

\

Por eso las considera como señales ambiguas, señales negativas, fenomenología inadecuada para concluir si la obra es de Dios o no.

[28] La palabra traducida "accidental" tiene una connotación filosófica. No hay que olvidarse que Edwards era filósofo más brillante que Norteamérica haya producido, según algunos de sus biógrafos. La palabra "accidental" tiene la connotación de algo no esencial, casual, fortuito, contingente.

Mateo 5.16 "Así brille la luz de ustedes delante de los hombres, para que vean sus buenas acciones y glorifiquen a su Padre que está en los cielos.

1 Pedro 3.1 Asimismo ustedes, mujeres, estén sujetas a sus maridos, de modo que, si algunos *de ellos* son desobedientes a la palabra, puedan ser ganados sin palabra alguna por la conducta de sus mujeres.

1 Timoteo 4.12 No permitas que nadie menosprecie tu juventud, sino sé ejemplo de los creyentes en palabra, conducta, amor, fe *y* pureza.

También nos guía a ser influenciados por los buenos ejemplos de los demás y seguirles, 2 Cor.8.1-7; Heb. 6:12; Fil.3:17; 1 Cor. 4:16; 11:1; 2 Tes.3:9; 1 Tes.1:7.

Hebreos 6.11–12 Pero deseamos que cada uno de ustedes muestre la misma solicitud hasta el fin, para alcanzar la plena (a plenitud la) seguridad de la esperanza, a fin de que no sean perezosos, sino imitadores de los que mediante la fe y la paciencia heredan las promesas.

Filipenses 3.17 Hermanos, sean imitadores míos, y observen a los que andan según el ejemplo que tienen en nosotros.

1 Corintios 4.16 Por tanto, los exhorto: sean imitadores míos.

Por lo tanto, parece que el ejemplo es uno de los medios de Dios, y es evidente que no es un argumento válido el que una obra no sea de Dios porque sus propios medios son usados para llevarlo a cabo.

Y así como es bíblico el llevar a cabo la obra de Dios a través del ejemplo, es también razonable hacerlo de esa forma. No es argumento decir que los hombres no son influenciados por la razón, como no lo es decir que no son influenciados por el ejemplo.[29] La forma en que las personas exponen la verdad unos a otros, contribuye a iluminar la mente y convencer a la razón. Nadie negará

---

[29] Revise mis comentarios en la Anotación #22.

que, para las personas, el expresar las cosas a los demás a través de palabras puede admitirse racionalmente que contribuye a iluminar las mentes de unos y otros. Pero lo mismo puede expresarse por medio de las acciones, permitiendo que se entienda mucho mejor y más efectivamente. Las palabras no tienen otro uso diferente al de transmitir nuestras propias ideas a otros; pero las acciones, en algunos casos, pueden hacerlo más plenamente. Existe un lenguaje de acciones, y en algunos casos, es mucho más claro y convincente que el de las palabras. No es, por lo tanto, ningún argumento contra la validez del efecto, que las personas sean profundamente impresionadas al ver a otros bajo tales efectos. Sí es válida la experiencia, aunque la impresión sea hecha con tan solo ver las señales del gran y extraordinario efecto en el comportamiento de otros, dándose por sentado qué es lo que los afecta, a pesar de no escucharlos decir una palabra. En tal caso, sólo en su comportamiento habría suficiente comunicación, como para transmitir su entendimiento a otros y expresarles su convicción de las cosas, más de lo que puede ser posible solo por medio de palabras.

Si una persona viera a otra en un grave tormento físico, recibiría ideas mucho más claras y una evidencia más convincente de su sufrimiento, por lo que puede observar en las acciones del que está en desgracia, que lo que puede percibir solo por las palabras de un narrador indiferente y no afectado. De igual forma, se puede recibir una mejor idea de cualquier cosa que sea excelente y muy agradable, a través del comportamiento de uno que está en medio del gozo, que por la apagada narración de quien no lo ha experimentado, siendo él mismo insensible. Yo deseo que este asunto pueda ser examinado por el razonamiento más acucioso.

Es evidente que los efectos producidos en las mentes de las personas son consistentes, por el hecho de que no sólo los más débiles e ignorantes son los más influenciados por el ejemplo, sino también aquellos que hacen gran alarde de fuerza racional; son más influenciados por la razón expuesta así que en casi ninguna otra forma. En realidad, las afecciones religiosas de muchos, cuando surgen por estos medios, como el oír la Palabra predicada, o por cualquier otro, pueden resultar llamativas, pero pasajeras, como cuando Cristo se refiere a los oidores que creen entre pedregales; pero en otros casos, las afecciones de algunos propiciadas por el ejemplo son permanentes, y prueban ser de resultado salvífico.[30]

Nunca se ha dado un tiempo de notable derramamiento del Espíritu y gran avivamiento religioso, sin que el ejemplo juegue un papel preponderante. Esto sucedió en la Reforma, y en los días de los apóstoles, en Jerusalén y Samaria, en Éfeso y otras partes del mundo, como le será muy evidente a cualquiera que preste atención a las narraciones que tenemos en los Hechos de los apóstoles.

En aquellos días, así como una persona era movida por otra, también una ciudad o pueblo era influenciado por el ejemplo de otro, 1 Tes.1:7-8:

1 Tesalonicenses 1.7–8 De tal manera que llegaron a ser un ejemplo para todos los creyentes en Macedonia y en Acaya. Porque *saliendo* de ustedes, la palabra del Señor se ha escuchado, no sólo en Macedonia y Acaya, sino que también por todas partes la fe de ustedes en Dios se ha divulgado, de modo que nosotros no tenemos necesidad de decir nada.

---

[30] Edwards habla de las afecciones religiosas; escribió un libro que se llama *Religious Affections,* ("Los Afectos Religiosos"). A modo de testimonio personal, este fue el libro de introducción al pensamiento de Edwards. Es toda una joya; analiza la relación entre las emociones y la espiritualidad. Para Edwards, las emociones juegan un papel sumamente importante en el desarrollo de la vida cristiana. Aunque Edwards era un gigante intelectual, y sus escritos son muy filosóficos, era también un experto en la sicología de la religión. Para mis lectores que dominan el inglés, les recomiendo la compra y lectura detenida de dicho libro. No serán defraudados, aunque la lectura será un poco pesada por el inglés antiguo que emplea, y también el estilo de Edwards es un poco "tortuoso".

No es una objeción válida contra el ejemplo, el hecho que sea muy usado, y que la Escritura diga que la Palabra es el medio principal de llevar a cabo la obra de Dios; porque, aunque la palabra de Dios es el medio principal, a través de ella otros medios operan y se hacen eficientes. Aun los sacramentos no tienen efecto sino por la palabra; y así es como el ejemplo se hace efectivo; porque todo lo que es visible al ojo, es ininteligible y vano sin la palabra de Dios, la que en realidad es expuesta y aplicada por el ejemplo, así como la palabra del Señor fue divulgada a otros pueblos en Macedonia y Acaya por el ejemplo de aquellos que creyeron en Tesalónica.

Que el ejemplo sea un gran medio de extender la iglesia de Dios, parece ser de varias maneras significativo en la Escritura: está representado por Rut, siguiendo a Noemí fuera de la tierra de Moab, hacia la tierra de Israel, cuando resolvió que no la dejaría, sino que la seguiría a donde ella fuera y que habitaría donde ella lo hiciera; y que el pueblo de Noemí sería su pueblo y que el Dios de Noemí sería el suyo. Rut, que fue la madre ancestral de David y de Cristo, fue indudablemente un gran tipo de la iglesia, bajo cuya consideración su historia es insertada en el canon de la Escritura.

En su salida de la tierra de Moab y de sus dioses para venir y poner su confianza bajo la sombra de las alas del Dios de Israel, tenemos un tipo de conversión, no solo de la iglesia gentil, sino de cada pecador que es por naturaleza un forastero y extranjero, pero que en su conversión olvida su propio pueblo y la casa de su padre, y se convierte en un conciudadano de los santos y en un verdadero israelita.

Lo mismo parece ocurrir en el efecto que el ejemplo de la esposa, cuando enferma de amor, tiene en las hijas de Jerusalén, cristianos visibles, que primero se despiertan al ver a la esposa en tan extraordinarias circunstancias y son entonces convertidas. Vea Cant. 5:8,9 y 6:1.

Cantares 5.8–9 Yo les ruego, oh hijas de Jerusalén, Si encuentran a mi amado, ¿Qué le han de decir?: Que estoy enferma de amor." "¿Qué clase de amado es tu amado, Oh la más hermosa de las mujeres? ¿Qué clase de amado es tu amado, Que así nos ruegas?" **Cantares 6.1** "¿Adónde se ha ido tu amado, Oh la más hermosa de las mujeres? ¿Adónde se ha dirigido tu amado, Para que lo busquemos contigo?"

Y esto es indudablemente una forma en que "el Espíritu y la esposa dicen, ven" (Apoc. 22:17); es decir, el Espíritu y la esposa. Está profetizado que la obra de Dios sería mayormente llevada a cabo por estos medios, en el último gran derramamiento del Espíritu, que introduciría el glorioso día de la Iglesia, de lo cual se habla tan a menudo en la Escritura, Zac.8:22-23:

Zacarías 8.22–23 'Y vendrán muchos pueblos y naciones poderosas a buscar al Señor de los ejércitos en Jerusalén y a implorar el favor del Señor.' "Así dice el Señor de los ejércitos: 'En aquellos días diez hombres de todas las lenguas de las naciones tomarán el vestido de un Judío, diciendo: "Iremos con ustedes, porque hemos oído que Dios está con ustedes."

6. Una obra del Espíritu no es anulada por la imprudencia humana

No es señal de que una obra no sea del Espíritu de Dios el que muchos que parecen ser objeto de ella, sean culpables de grandes imprudencias e irregularidades en su conducta.[31]

---

[31] El argumento aquí es muy instructivo. Los críticos del avivamiento vieron cómo algunos "profesantes" del avivamiento terminaron mal y causaron un escándalo. Los críticos observaron que dichas actividades de gran imprudencia y conducta anormal desbarataron el avivamiento. Edwards dice "no hay que tirar fuera al bebé con el agua sucia"; es decir, la presencia de imprudencias y de irregularidades no descarta que el obrar de Dios sea genuino. El creyente no está acostumbrado a la experiencia de emociones profundas. El avivamiento produce

Se debe considerar que el fin con el cual Dios derrama su Espíritu es para hacer santos a los hombres y no para que sean diplomáticos.

No sorprende que, en una multitud heterogénea de toda clase, sabios e ignorantes, jóvenes y ancianos, de capacidades naturales fuertes y débiles, bajo fuertes impresiones mentales, haya muchos que se comporten imprudentemente.

Hay, sin embargo, algunos que saben cómo conducirse bajo afecciones vehementes de cualquier tipo, ya sea de una naturaleza temporal o espiritual, para lo cual se requiere una gran discreción, fuerza y estabilidad mental. Mil imprudencias no prueban que una obra no sea del Espíritu de Dios; incluso si hubiera no solo imprudencias, sino muchas irregularidades que predominen, y realmente contrarias a las reglas de la santa palabra de Dios.

Que esto sea así puede ser bien justificado por la extrema debilidad de la naturaleza humana, junto con el remanente de oscuridad y corrupción que existe aún en aquellos que son objeto de las influencias salvíficas del Espíritu de Dios y tienen un real celo por Dios.

Tenemos un caso notable en el Nuevo Testamento de un pueblo que participó, en gran parte, de ese gran derramamiento del Espíritu en los días de los apóstoles, entre quienes, no obstante, abundaron imprudencias y grandes irregularidades, a saber, la iglesia de Corinto. ¡Difícilmente haya alguna iglesia más celebrada en el Nuevo Testamento por haber sido bendecida con grandes medidas del Espíritu de Dios, tanto en sus normales influencias, convenciendo y convirtiendo pecadores, como también en sus extraordinarios y milagrosos dones!

---

un despertar en la vida emocional del creyente, y el hecho de que no sepa cómo manejar sus emociones no significa que la obra no sea de Dios. Edwards atribuye las irregularidades a la debilidad de la naturaleza humana y cita el ejemplo de la iglesia en Corinto para aclararlo. El caso de Pedro ilustra la presencia de la cizaña con el trigo.

Sin embargo, ¡cuán numerosas imprudencias, grandes y pecaminosas faltas y extrañas confusiones cometieron en la cena del Señor y en el ejercicio de la disciplina de la iglesia! A lo cual se debe añadir sus maneras indecentes de participar en otras partes de la adoración pública, sus conflictos y contenciones acerca de sus maestros. Y aun en el ejercicio de sus extraordinarios dones de profecía, de hablar en lenguas y cosas parecidas, en donde hablaban y actuaban por la directa inspiración del Espíritu de Dios.

Y si observamos enormes imprudencias, e irregularidades pecaminosas en algunos que son los grandes instrumentos para llevar a cabo la obra, esto no prueba que la obra no sea de Dios. El mismo apóstol Pedro, gran santo y eminente e inspirado apóstol, además de uno de los principales instrumentos en el establecimiento de la iglesia cristiana en el mundo, cuando estuvo verdaderamente comprometido en esta obra, fue culpable de un gran y pecaminoso error en su conducta, de la cual habla el apóstol Pablo en Gal.2:11-13:

> **Gálatas 2.11–13** Pero cuando Pedro (Cefas) vino a Antioquía, me opuse a él cara a cara, porque él era digno de ser censurado. Porque antes de venir algunos de parte de Jacobo (Santiago), él comía con los Gentiles, pero cuando aquéllos vinieron, Pedro empezó a retraerse y apartarse, porque temía a los de la circuncisión. Y el resto de los judíos se le unió en *su* hipocresía, *de tal manera* que aun Bernabé fue arrastrado por la hipocresía de ellos.

Si un gran pilar de la iglesia cristiana -uno de los principales entre aquellos que siendo los verdaderos fundamentos sobre los cuales, cerca de Cristo, la iglesia toda fue edificada- fue culpable de tal irregularidad, ¿es de sorprender si otros instrumentos menores, que no tienen esa extraordinaria dirección del divino Espíritu como él la tuvo, sean culpables de muchas irregularidades?

Y en particular, no es evidencia que una obra no sea de Dios si muchos de los que son objeto o instrumentos de ella son culpables de apresurarse demasiado en censurar a otros como no convertidos[32], pues, esto puede deberse a errores que ellos han admitido, en lo que concierne a las pautas por las cuales juzgar la hipocresía y la carnalidad de otros; o el no conocer debidamente la amplitud con que el Espíritu de Dios usa sus métodos en sus operaciones; o la falta en hacer la debida provisión contra ese desliz y corrupción que aún pueda quedar en los corazones de los santos, así como por causa de la ausencia de una apropiada conciencia de su propia ceguera, debilidad y corrupción remanente, por donde el orgullo espiritual[33] puede tener un secreto desahogo, bajo algún disfraz utilizado para no ser descubierto.

Si aceptamos que hombres verdaderamente piadosos todavía tengan una considerable ceguera y corrupción, y que puedan ser susceptibles de errores acerca de cómo reconocer la hipocresía, como indudablemente todos aceptamos, entonces no está fuera de consideración que algunas veces incurran en errores como estos. Es tan fácil, y por algunas razones, más fácil justificar que la corrupción que aún queda en hombres buenos tenga algunas veces

---

[32] George Whitefield, el joven evangelista de Inglaterra, fue el instrumento utilizado por Dios para llevar el avivamiento a las 13 colonias de los Estados Unidos. George tenía muchas virtudes; era un orador de primera categoría. Consulte los dos tomos escritos por Arnorld Dallimore para tener la biografía autorizada más completa de Whitefield. ¡¡Qué hombre!! Whitefield fue invitado por el pastor Edwards para predicar en su iglesia en Northampton, Connecticut. Ambos eran calvinistas, pero Whitefield tenía algunos defectos propios de la juventud. Predicaba a multitudes de 15,000 a 20,000 cuando aún estaba en sus veinte, y censuraba fuertemente a los pastores de algunas iglesias evangélicas, cuestionando la autenticidad de su conversión. Aquí Edwards considera la crítica de los oponentes del avivamiento, que un portavoz con un espíritu tan crítico no puede ser de Dios.

[33] Aquí, Edwards contempla varias explicaciones sobre cómo un hombre (Whitefield) puede ser un gran instrumento, muy usado por Dios y sin embargo, tener defectos en su ministerio. Uno no tiene que ser perfecto para ser utilizado por Dios. Edwards aquí implícitamente condena a Whitefield del pecado de orgullo espiritual. He leído su tratado sobre el pecado del orgullo espiritual; es un tratado que todo ministro debe leer. Hemos incluido el sermón en esta serie de artículos sobre Edwards y el avivamiento.

un desahogo inadvertido en esta manera que en la mayoría de otras formas; y sin duda lamentablemente muchos santos hombres han errado en este sentido.

La tibieza en la religión es abominable, y el celo[34] una excelente gracia, aunque sobre todas las demás virtudes, necesita ser estrictamente vigilado y examinado; porque es extremadamente propenso a mezclarse inadvertidamente con la corrupción y particularmente con el orgullo y la pasión humana. Y es evidente que nunca hubo una época de gran cambio en la iglesia de Dios, que provocase un ardiente celo sin que se haya visto en algunos casos notables, ciertas irregularidades o incurrido de una forma u otra en una indebida severidad.

Así como en los días apostólicos, un enorme celo fue investido en torno al tema de los alimentos inmundos, en donde con espíritu acalorado, los cristianos se enfrentaron unos contra otros, divididos en partidos que se condenaban y censuraban mutuamente, como si no fueran verdaderos cristianos. En cambio, el apóstol, influenciado por un espíritu de piedad verdadera, tuvo caridad para ambos. "Aquel que come", dijo, "para el Señor come, y da gracias a Dios; y aquel que no come, para el Señor no come, y da gracias a Dios". Asimismo, en la iglesia de Corinto se había llegado al punto de enaltecer a algunos ministros y censurar a otros, lo que originó que fueran empujados unos contra otros; sin embargo, aun estas cosas no eran señal de que la obra, entonces tan maravillosamente llevada a cabo, no fuera de Dios.

---

[34] Los comentarios de Edwards acerca de los peligros de un celo religioso, de un celo sin ciencia, propio de la juventud, están indudablemente dirigidos a Whitefield. Es interesante su afirmación aquí de que no existe una reforma en la historia sin algunas aberraciones debido a una severidad indebida. Podemos pensar en la reforma de Calvino en Ginebra con sus extremos, la reforma de Lutero con sus extremos, las posturas extremistas de varios a lo largo de la historia que confirman lo afirmado por Edwards. Él hace alusión a las grandes peleas teológicas que ocurrieron en un ambiente de avivamiento y reforma. Podemos pensar en las diferencias entre Zwinglio, Calvino, Lutero y Melanchton.

Después de esto, cuando la religión florecía grandemente en el mundo y un espíritu de eminente santidad y celo prevalecía en la iglesia cristiana, el celo de los cristianos caía en una impropia e indebida severidad en el ejercicio de la disciplina eclesiástica hacia los convictos de pecado. En algunos casos, por ningún motivo eran admitidos a la piedad y comunión, a pesar de mostrarse más humildes y penitentes que nunca. Y en los días de Constantino el Grande, el celo de los cristianos contra el paganismo incurrió en un grado de persecución.

Así también en ese glorioso avivamiento religioso de la Reforma, el celo en muchos casos se manifestó en una severidad muy impropia, hasta llegar al punto de la persecución, como fue el caso de alguno de los más eminentes reformadores, como el gran Calvino en particular. Y muchos, en aquellos días de florecimiento de una vitalidad religiosa, fueron culpables de censurar severamente a otros que diferían de ellos en opinión en cuanto a algunos asuntos sobre el tema de la divinidad.

7. Una obra del Espíritu no está libre del ataque de Satanás

El hecho de que haya muchos errores de juicio y algunos engaños de Satanás entremezclados[35] con la obra, tampoco es argumento para pensar que la obra en general no sea del Espíritu de Dios.

---

[35] Edwards comenta que el obrar de Dios en el avivamiento tiene una contraparte, una obra paralela de Satanás. Satanás siempre intenta desbaratar una obra auténtica de Dios con las aberraciones. He aquí la gran necesidad de perspicacia y de discernimiento espiritual. "Señor, para estas cosas, ¿quién es suficiente?" Que el Señor nos dé conciencia de nuestra profunda necesidad de discernimiento espiritual en el ministerio. Que dicha dependencia nos obligue a buscar al Señor de rodillas, con la Biblia abierta. Como dijera el abuelo de Moule, estudioso inglés: "Tienes tu Biblia y tus rodillas... utilízalas".

A pesar de haber una gran influencia espiritual, no se puede esperar que el Espíritu de Dios sea dado ahora de la misma manera como se les dio a los apóstoles, guiándoles infaliblemente en asuntos de doctrina cristiana, para que lo que ellos enseñasen fuese contado como una regla para la iglesia cristiana. Y si aparece cualquier engaño de Satanás, al mismo tiempo que prevalece un gran interés religioso, no es argumento para decir que la obra en general no sea de Dios, como no es argumento de que en Egipto no se realizaron verdaderos milagros obrados por la mano de Dios, porque al mismo tiempo Janes y Jambres, por mano del diablo, obraron falsos milagros.

Ciertamente, las mismas personas pueden tanto ser objeto de una significativa influencia del Espíritu de Dios, como ser desviados por los engaños de Satanás, y no es más que una paradoja que esto ocurra en muchas otras circunstancias en la experiencia de los verdaderos santos en el presente estado, cuando la gracia cohabita con tanta corrupción, y el nuevo hombre y el viejo hombre subsisten juntos en la misma persona; y el reino de Dios y el reino del diablo permanecen por un tiempo juntos en el mismo corazón.

Muchas personas indudablemente piadosas, se han expuesto en esta y en otras edades a funestos engaños, por una tendencia a poner demasiado énfasis en impulsos e impresiones[36], como si fueran revelaciones inmediatas de Dios para simbolizar algo futuro, o para dirigirlos a dónde ir y qué hacer.

---

[36] ¡Cuántos avivamientos han sido saboteados por sus protagonistas! ¡Qué triste realidad! Muchas veces los que están más a favor del avivamiento son los peores enemigos del auténtico obrar de Dios. El papel de los impulsos e impresiones como causal del aborto del avivamiento debe estudiarse cuidadosamente. Por ejemplo, el caso de Evan Roberts en el avivamiento de Gales. Ver P5.

8. Una obra del Espíritu no está libre del pecado del hombre

Si algunos sobre quienes se pensaba descansaba la obra cayeron en errores groseros o en prácticas escandalosas, eso no es argumento de que la obra en general no sea la obra del Espíritu de Dios.

Que haya algunas falsificaciones no es argumento para decir que nada es verdadero: Tales cosas se esperan siempre en un tiempo de renovación. Si miramos en la historia de la iglesia, no encontraremos ningún caso de un gran avivamiento religioso, en el que no se haya presenciado muchas cosas parecidas a estas. Los casos de esta naturaleza en los días de los apóstoles fueron innumerables: algunos cayeron en herejías graves, otros en viles prácticas, aunque parecían ser objeto de la obra del Espíritu y fueron aceptados un tiempo como hermanos y compañeros entre aquellos que lo eran verdaderamente.

No fueron sospechosos hasta que salieron de entre ellos. Y algunos de estos fueron maestros y autoridades –y personas eminentes en la iglesia cristiana- a quienes Dios había dotado de dones milagrosos del Espíritu Santo, como aparece al principio del capítulo 6 de Hebreos.

Una muestra de ello es Judas, quien fue uno de los doce apóstoles, y que por largo tiempo y constantemente había estado unido e íntimamente familiarizado con la compañía de verdaderos y experimentados discípulos sin ser descubierto o ser objeto de sospecha, hasta que él se descubrió a sí mismo por su escandalosa práctica. Él fue tratado por el mismo Jesús, en todas las cosas externas, como si hubiera sido un verdadero discípulo, aun confiriéndole el carácter de apóstol, enviándolo a predicar el evangelio, y dotándolo con dones milagrosos del Espíritu.

Porque aunque Cristo lo conocía, sin embargo, no se vistió del carácter del Omnisciente Juez, y Escrutador de corazones, sino que actuó en la posición de un ministro de la iglesia visible (porque él era ministro de Su Padre) y por lo tanto, no lo rechazó, hasta que él mismo se descubrió por su escandalosa práctica; dándose allí un ejemplo a los guías y gobernantes de la iglesia visible, de no tomar sobre sí mismos el papel de escrutador de corazones, sino ser influenciado en su servicio sólo por lo que es visible y claro. Hubo entonces algunos casos en que tales apóstatas fueron estimados como eminentemente llenos de la gracia del Espíritu de Dios.

Un ejemplo de este tipo, probablemente fue Nicolás, uno de los siete diáconos, quien fue considerado por los cristianos de Jerusalén, en el tiempo de ese extraordinario derramamiento del Espíritu, como un hombre lleno del Espíritu Santo, y por esa razón fue separado de entre las multitudes de cristianos para aquel oficio; como se puede ver en Hch.6:3,5; sin embargo, después él cayó y llegó ser la cabeza de una secta de viles herejes, de prácticas groseras, que fue llamada por su nombre, la "secta de los nicolaítas" (Apoc.2:6 y 15).

Hechos de los Apóstoles 6.5 Lo propuesto tuvo la aprobación de toda la congregación, y escogieron a Esteban, un hombre lleno de fe y del Espíritu Santo, y a Felipe, a Prócoro, a Nicanor, a Timón, a Parmenas y a Nicolás, un prosélito (Gentil convertido al Judaísmo) de Antioquía.

Apocalipsis 2.6 "Sin embargo tienes esto: que aborreces las obras de los Nicolaítas, las cuales Yo también aborrezco.

Así también, en el tiempo de la reforma protestante, cuán grande fue el número de aquellos que, por un tiempo, parecían unirse a los reformadores y, sin embargo, cayeron en los más groseros y absurdos errores y prácticas abominables. Y, es particularmente notable que, en tiempos de gran derramamiento del Espíritu, que producen avivamientos religiosos en el mundo, un número de aquellos que por un tiempo parecen tomar parte en él, caiga en antojadizos, extravagantes errores y grave fanatismo, alardeando de un alto grado de espiritualidad y perfección, censurando y condenando a otros como carnales.

Así como ocurrió con los gnósticos en los tiempos de los apóstoles; y como ocurrió con varias sectas de la Reforma, como Anthony Burgess advierte en su libro llamado *Refinamientos espirituales*. Parte I, Sermón 23, pg.132:

Los primeros destacados reformadores, gloriosos instrumentos de Dios, encontraron un amargo conflicto en esto, de manera que fueron partícipes no solo con formalistas y tradicionalistas papistas por un lado, sino, por otro lado, con hombres que pretendían ellos mismos ser más iluminados que los reformadores: de allí que, calificaron a quienes sí se adherían a las Escrituras y probaban las revelaciones por medio de ella, "literalistas" y *Vowelists*, (vocalistas) como si fueran solamente hombres familiarizados con las palabras y vocales de la Escritura, que no tenían nada del Espíritu de Dios: Y en todo lugar, casi en cualquier pueblo, la verdadera doctrina del evangelio frenó el avance del papado, al mismo tiempo que surgieron opiniones, como cizañas que se levantan en medio del buen trigo de donde se levantaron grandes divisiones y la reforma se hizo abominable y odiosa al mundo; como si ésta hubiera sido el sol, para dar calor y abrigo a aquellos gusanos y serpientes, para que salgan arrastrándose de la tierra. Por tanto, prorrumpieron contra Lutero, y dijeron que sólo había promulgado un evangelio carnal.[37]

Algunos de los líderes, de aquellos fanáticos desenfrenados, habían sido por un tiempo altamente estimados para ellos. Así, también en Inglaterra, en el tiempo en que la vitalidad religiosa prevalecía en

---

[37] Anthony Burgess, *Spiritual refining: or A treatise of grace and assurance Wherein are handled, the doctrine of assurance. The use of signs in self-examination. How true graces may be distinguished from counterfeit. Several true signs of grace, and many false ones* (London, 1652), 132.

los días del Rey Carlos I, el interregno, y Oliver Cromwell, cosas como estas abundaron. Así también en Nueva Inglaterra, en sus más puros días, en que la vitalidad piadosa florecía, este mismo tipo de cosas estalló. Por lo tanto, el que el diablo siembre estas cizañas, no es prueba de que una verdadera obra del Espíritu de Dios no se esté gloriosamente llevando a cabo.

9. Una obra del Espíritu no está libre de errores de ministros

No es argumento decir que: una obra no es del Espíritu de Dios porque parece ser promovida por ministros que insisten demasiado en los terrores de la santa ley de Dios, de una manera patética y con una gran dosis de celo.[38]

Si realmente hay un infierno con tan terribles y eternos tormentos, como es generalmente supuesto, del cual multitudes se encuentran en peligro –y dentro del cual efectivamente, de generación en generación, caen la mayor parte de hombres en los países cristianos, por falta de una conciencia de su severidad, y por lo tanto, por no tomar el debido cuidado para evitarlo- entonces, ¿por qué no es apropiado que aquellos, que tienen el cuidado de las almas, tengan grandes aflicciones por hacer a los hombres sensibles a ello? ¿Por qué no debe decírseles tanto de la verdad como sea posible? Si yo

---

[38] Aquí Edwards alude a la predicación de su famoso sermón *Pecadores en las manos de un Dios airado*. Este mensaje fue muy polémico. Muchos criticaron el avivamiento porque fue instigado por el terror. Edwards argumenta que es lógico enfatizar la verdad del infierno, y con mucho "patetismo". El ejemplo de un padre que ve a su casa quemarse, con sus hijos adentro, gritando y llamando a sus hijos, es poderoso. Edwards argumenta con mucha fuerza acerca de la obligación del ministro de predicar con "patetismo" acerca del infierno. La ausencia de una predicación con "pasión" es un síntoma de decadencia espiritual en el ministerio. Colega que lee estas líneas, ¿cuándo fue la última vez que predicó acerca del cielo y del infierno? Y en su prédica, ¿hubo evidencia de la compasión y la misericordia y "pasión" de Dios? Vea P5.

estuviera en peligro de ir al infierno, estaría feliz de saber, tanto como sea posible, acerca de lo terrible de ello. Si tiendo a olvidar el cuidado que debo tener para evitarlo, me haría el mayor bien quien hiciera lo mejor por representar para mí la verdad del caso, de tal manera, que muestre mi miseria y el peligro en la forma más vívida.

Yo apelo a todos, ¿Acaso no es el mismo tipo de conducta que ellos tendrían en caso de riesgo ante cualquier gran calamidad temporal? Si cualquiera de ustedes, que sea cabeza de familia, viera a uno de sus hijos en una casa ardiendo en llamas y en inminente peligro de ser pronto consumido por ellas, y, sin embargo, él pareciera muy insensible al peligro y descuidado en escapar, después de que usted repetidamente lo ha llamado a hacerlo. ¿Continuaría usted hablándole, sólo en una manera fría e indiferente? ¿No le gritaría y llamaría ansiosamente para que escapare y representaría el peligro en el que está, y su propia insensatez en demorarse, en la más vívida manera de la que usted fuera capaz? ¿No nos enseña esto la misma naturaleza, y nos obliga a hacerlo?

Si usted continuara diciendo que escapen de una manera fría, como está acostumbrado a hacerlo en una conversación ordinaria sobre asuntos sin importancia, aquellos sobre quienes usted comenzó a pensar que tenía responsabilidad, ¿no le reclamarían? Esta no es la forma de actuar de la humanidad en asuntos temporales de gran importancia, que requieren de seria cautela y gran diligencia, y sobre los cuales están grandemente interesados. No es costumbre hablar a otros de su peligro, advirtiéndoles un poco, o en una forma fría e indiferente. La naturaleza les enseña otra cosa a los hombres.

Si nosotros, que tenemos el cuidado de almas, supiéramos lo que es el infierno, hubiéramos visto el estado de los condenados, o por cualquier otro medio, hubiéramos llegado a ser sensibles de cuán terrible es su situación –y al mismo tiempo supiéramos que la mayor parte de los hombres van a ese fin, y viéramos a nuestros oidores insensibles de su peligro- sería moralmente imposible para nosotros evitar la mayor seriedad en exponer ante ellos lo terrible de esa miseria, y el gran riesgo en que están, y aun gritarles fuertemente.

Cuando los ministros predican acerca del infierno y de una manera fría, advierten a los pecadores sobre cómo evitarlo –aunque digan en palabras que es infinitamente terrible– ellos se contradicen. Porque las acciones, como observé antes, tienen un lenguaje tanto como las palabras. Si las palabras de un predicador representan el estado de un pecador como infinitamente terrible, mientras su comportamiento y manera de hablar lo contradice, mostrando que el predicador no piensa así, este frustra su propio propósito, por el lenguaje de sus acciones; en tal caso, es mucho más efectivo que la simple significación de sus palabras (esto sobra al menos que se hayan 'comido' algo. No es que piense que solamente la Ley debe ser predicada: los ministros pueden predicar otras cosas de menor importancia.

El evangelio debe ser predicado tanto como la Ley, y la Ley está para ser predicada solamente para hacer camino al evangelio y a fin de que este pueda ser predicado más eficazmente. La tarea principal de los ministros es predicar el evangelio: "Cristo es el fin de la Ley para justicia". Así que un ministro perdería mucho si insistiera demasiado en los terrores de la Ley, como para olvidar a su Señor, y descuidar la predicación del Evangelio; aunque se debe insistir mucho en la Ley, ya que la predicación del evangelio resultaría vana sin ella.

Y ciertamente tal seriedad y afección al momento de hablar es hermosa, como le es propio a la naturaleza e importancia del tema. No que pueda existir tal cosa como una desmedida vociglería[39] en

---

[39] Edwards hace una diferencia entre predicación con "pasión" y "indecent boisterousness" o "bulliciosidad indecorosa" con "exhibicionismo ruidoso" que hemos traducido "una desmedida vociglería".

el predicador, como algo separado de lo que espontáneamente surge de la naturaleza del tema, y en lo cual, no hay coincidencia entre el asunto y la forma. Algunos se refieren a ello diciendo que es una cosa ilógica aterrorizar a las personas empujándolas al cielo; más bien pienso que es una cosa razonable el esforzarse en aterrorizar a las personas para apartarlas del infierno.[40]
Ellas están sobre el borde y justamente listas para caer en él, y no perciben el peligro. ¿No es una cosa razonable aterrorizar a una persona hacia fuera de una casa en llamas? La palabra "aterrorizar" es comúnmente usada para un temor repentino, sin causa, o sorpresa infundada; pero ciertamente un temor lícito, para lo cual hay una buena razón, no se debe hablar contra él, bajo un nombre como ese.

Preguntas de reflexión

1) ¿Está usted de acuerdo que la ausencia de antecedentes bíblicos (señal negativa #2) no constituye una base para rechazar cierta fenomenología?

2) En el día de hoy, ¿hay muy poca crítica de la índole mencionada en la señal negativa #4, es decir, el abuso de la imaginación? Tal vez esto obedece a la falta de predicación ungida. ¿Qué comentarios tiene al respecto? Revise esta señal y medite en el contexto de su iglesia local. ¿Qué comentarios tiene acerca de la observación de Edwards con respecto a la interrelación entre la imaginación y la mente?

3) Analice el comentario en la anotación #27. ¿Cuáles son algunos de los protagonistas sobresalientes de la historia o de los avivamientos o las grandes reformas? Documente en un escrito de no menos de 2 páginas y no más de 3, algunas de las aberraciones de los grandes hombres y mujeres de la historia. Por ejemplo, Lutero "descanonizando" la epístola de Santiago, echándola en el río Danubio.

4) Mencione en forma concisa y resumida las 9 señales negativas de Edwards. Para cada una, dé varios ejemplos que Edwards mismo

---

[40] Edwards justifica el tipo de predicación que asusta a la gente.

menciona y otros ejemplos o referencias bíblicas que apoyen el argumento de Edwards.

5) Haga un estudio de los avivamientos de la historia, enfocado en el tema de su declive. En forma particular, analice la relación entre el peligro del subjetivismo y el enfriamiento de una obra auténtica del Espíritu de Dios. ¿Qué lecciones dejan para nuestros ministerios como protagonistas del avivamiento que Dios quiere? Vea Anotación #29.

6) Predicación contradictoria. ¿Cómo entiende esto? ¿En qué sentido podemos ser culpables de una predicación contradictoria en el ministerio?

7) Comente acerca de la interrelación entre la ley y el evangelio.

8) ¿Cuál es la diferencia entre una predicación indecente y ruidosa, por un lado, y una predicación que asusta en el mejor sentido de la palabra? ¿Hemos descuidado la predicación sobre la doctrina del infierno porque no sabemos diferenciar entre estos dos? Vea Anotación #31.

Preguntas de reflexión señales ambiguas[41]

1) "señal ambigua #1" La obra es llevada de una manera extraordinaria e inusual.

   a. ¿Qué significa decir que una obra es llevada de una manera extraordinaria e inusual?

   b. ¿Cuáles son algunos ejemplos de cómo Dios previamente ha obrado de manera inusual y obvia a la vez?

   c. Dice Edwards, "Nosotros no debemos limitar a Dios donde Él mismo no se limita". ¿Cuáles son algunas maneras en las cuales los cristianos limitan a Dios donde Él mismo no se limita?

   d. Hay personas que tienen gran habilidad para dudar de cosas extrañas. ¿Es esto cierto para usted?

---

[41] Tomado del libro, Archie Parrish, *The Spirit of Revival Discovering the Wisdom of Jonathan Edwards*. (Wheaton, Ill: Crossway Books, 2000). Usado con permiso. Traducción por Luis Estrada con Minina Pucci de Barrantes.

2) "Señal ambigua #2" Pueden ocurrir movimientos corporales involuntarios.

    a. ¿Cuáles son algunas de las reacciones físicas que Edwards mencionó?

    b. ¿De qué manera Edwards explica las reacciones físicas?

3) "Señal ambigua #3" Propicia el que se hable mucho de la fe cristiana.

    a. ¿Está usted de acuerdo con Edwards con respecto a esto? ¿Por qué?

    b. Cuándo el Espíritu de Dios se mueve en el presente ¿qué "rumores" podríamos esperar de los líderes religiosos y del mundo secular y la prensa?

4) "Señal ambigua #4" Se presentan emociones religiosas intensas.

    a. ¿Qué grandes impresiones dijo Edwards que fueron hechas en las emociones de la gente?

    b. ¿De qué manera Edwards explica estas grandes impresiones?

5) "Señal ambigua #5" Que el ejemplo sea un gran medio.

    a. ¿Qué significa para Edwards el concepto de ejemplo?

    b. ¿Por qué piensa usted que para las mentes de algunos esto fue objetable? Explique de qué manera el ejemplo tiene un gran significado en la obra del Espíritu.

    c. ¿Qué piensa usted de la explicación que da Edwards sobre cómo Dios utiliza el ejemplo?

    d. ¿De qué manera el ejemplo se relaciona con la proclamación de la Palabra?

    e. Edwards dice "Hay un lenguaje en las acciones. Y en algunos casos, el lenguaje de la acción es mucho más claro y convincente que las palabras" ¿Está usted de acuerdo con esto? ¿Sí o no? ¿Por qué?

6) "Señal ambigua #6" Los sujetos involucrados son culpables de actuar a la ligera con hechos y conductas no convencionales. Edwards afirma "Si nosotros vemos grandes hechos a la ligera y aun irregularidades pecaminosas en algunos de los grandes instrumentos para llevar a cabo la obra, esto no probará que no sea obra de Dios."

    a. Explique de qué manera Edwards sostiene esta declaración.

b. ¿De qué manera usted puede evitar ser un obstáculo en la obra del Espíritu?

7) "Señal ambigua #7" Errores de juicio y desilusiones del diablo se entremezclan con la obra. ¿Puede usted pensar en ejemplos modernos de esto?

8) "Señal ambigua #8" Algunos caen en grandes errores y prácticas escandalosas.

a. ¿Qué razones y argumentos presenta Edwards para esta "no señal" o "señal ambigua"?

b. ¿De qué manera la relación entre Jesús y Judas es un ejemplo para los que guían la iglesia visible?

9) "Señal ambigua #9" Ministros promueven con temor la Santa Ley de Dios.

a. "Cuando los ministros predican sobre infierno y previenen a los pecadores de evitarlo de manera fría "aunque ellos lo digan en palabras que son infinitamente terribles ellos mismos se contradicen". ¿Está usted de acuerdo? ¿Sí o no? ¿Por qué?

b. "Algunos dicen que es irracional guiar a la gente al cielo con temor. Pero yo pienso que es razonable tratar de atemorizarla para alejarla del infierno". ¿Está usted de acuerdo? ¿Sí o no? ¿Por qué?

CAPÍTULO II: CINCO EVIDENCIAS GENUINAS PARA DETERMINAR SI UN AVIVAMIENTO ES O NO ES DEL ESPÍRITU DE DIOS

Pensamiento Clave del Capítulo[1]

El diablo tiene la más amarga e implacable enemistad contra la persona de Cristo, especialmente en su calidad de Salvador

---

[1] Aquí Edwards trata con las señales positivas. Animamos al lector a buscar el comentario de la Anotación #8 en el Capítulo 2 para refrescar la memoria acerca de la naturaleza de las señales. En la primera parte del libro, Edwards descarta como "señales ambiguas" o "no signs" o "evidencias negativas" o "criterio falso" para averiguar si una obra es auténtica o no. Edwards rechaza nueve características que los críticos presentaron como evidencia de que la obra no era de Dios. Edwards muestra que dicho criterio es inadecuado. Ahora, en este capítulo presente, Edwards procede a mostrar cuales son las evidencias positivas, las "señales no ambiguas", las "yes signs" (señales "sí") o "criterio verdadero" para evaluar si es una obra es de Dios o no. Es muy instructivo para el lector en el día de hoy contemplar dichos parámetros y aplicarlos a los "avivamientos que andan en el contexto latino y en España (Ver pregunta #2, al final de este capítulo). Sección traducida por Mónica Monge con Juan Zuñiga.

de los hombres; él odia a muerte la historia y doctrina de la redención; él nunca contribuiría en producir en los hombres pensamientos más reverentes hacia Jesús, o a dar una mayor importancia a sus instrucciones y mandamientos. El Espíritu que inclina los corazones de los hombres hacia la simiente de la mujer no es el espíritu de la serpiente que tiene tan irreconciliable enemistad con él.

Luego de haber mostrado, citando algunos casos, cuales no se pueden considerar evidencias de que una obra llevada a cabo entre un pueblo, no sea una obra del Espíritu de Dios; procedo ahora, en segundo lugar, tal como fue propuesto, a mostrar positivamente cuáles son las evidencias y marcas distintivas, seguras y Escriturales, de que una obra es del Espíritu de Dios; así por medio de ellas, sin correr peligro de extraviarnos, estaremos en la posibilidad de juzgar cualquier operación que encontremos en nosotros mismos u observemos en medio de un pueblo.[2]

Con este fin, como dije antes, me restringiré completamente a aquellas marcas que el apóstol nos da en el capítulo en el que se encuentra mi texto (1Jn 4). Allí, este asunto es tratado de una forma particular y con mayor amplitud que en cualquier otra parte de la Biblia. Así mismo, al hablar de estas marcas, seguiré el orden en que ellas aparecen en el capítulo.[3]

---

[2] Aquí observamos que la preocupación de Edwards es netamente pastoral. No es tanto especulativa como pastoral. Ojalá que el lector también contemple dichas verdades con la misma óptica. Dios se manifestará a nuestras vidas cuando la motivación será correcta. Nuestra motivación, ¿es pastoral o netamente especulativa? (Ver Preguntas #3).

[3] No olvidemos que Edwards está trabajando como exegético de la Palabra, y por eso el orden de las señales positivas no obedece a una teología sistemática del avivamiento, sino a una exposición ordenada de 1ª Juan capítulo 5.

1. Una obra del Espíritu nos llevara a amar a Cristo

*Cuando la operación es tal, que eleva la estima por aquel
Jesús que nació de la virgen y fue crucificado fuera de las
puertas de Jerusalén; y además parece confirmar y
establecer las mentes más fuertemente en la verdad de lo que
el Evangelio declara sobre la identidad de Jesús como el Hijo
de Dios y el Salvador de los hombres; ésta es una segura
señal de que la obra sí es del Espíritu de Dios.*

Esta señal nos es dada por el apóstol en los versos 2 y 3:

1 Juan 4.2–3 En esto ustedes conocen el Espíritu de Dios: todo
espíritu que confiesa que Jesucristo ha venido en carne, es de Dios.
Y todo espíritu que no confiesa a Jesús, no es de Dios, y éste es el
espíritu del anticristo, del cual ustedes han oído que viene, y que
ahora ya está en el mundo.

Esto no solamente implica una confesión en el sentido de que
existió tal persona que apareció en Palestina e hizo y sufrió aquellas
cosas que se registran de él, sino que él fue Cristo, es decir, el Hijo
de Dios; ungido para ser Señor y Salvador, como se desprende del
mismo nombre Jesucristo.

Lo que en los versículos anteriores está implícito según la
intención del apóstol, está confirmado por el verso 15, donde el
apóstol continúa con el mismo tema acerca de las señales del
verdadero Espíritu:

1 Juan 4.15 Todo aquél que confiesa que Jesús es el Hijo de Dios,
Dios permanece en él y él en Dios.

Debe notarse que la Palabra "confesar"[4], como es usada frecuentemente en el Nuevo Testamento, significa más que simplemente "admitir": implica el establecimiento y confirmación de algo por testimonio, declarándolo con una manifestación de aprecio y afección, así:

Mateo 10.32 "Por tanto, todo el que Me confiese delante de los hombres, Yo también lo confesaré delante de Mi Padre que está en los cielos.
Romanos 15.9 y para que los Gentiles glorifiquen a Dios por Su misericordia, como está escrito: "Por tanto, Te confesare entre los Gentiles, y a Tu nombre cantare."
Filipenses 2.11 Y toda lengua confiese que Jesucristo es Señor, para gloria de Dios Padre.

La fuerza de la expresión, que el apóstol Juan usa en el pasaje, está confirmada en el siguiente capítulo, verso 1:

---

[4] El concepto de "confesar" elaborado aquí por Edwards tiene una aplicación muy vigente para el contexto Español y latinoamericano. Recalcamos lo que Edwards afirma: Que "confesar" es mucho más que "reconocer" o "admitir", implica el establecimiento y confirmación de una cosa por testimonio y declaración con manifestación de estimación y afecto. Esta última frase de Edwards es muy importante. Edwards ha escrito extensamente sobe las afecciones religiosas. Para Edwards, el papel de las emociones es preponderante. En la actualidad existe una reticencia a enfatizar el aspecto emotivo del creyente y especialmente en el contexto latino que acentúa el aspecto emocional de la vida; algunos dirán que el énfasis de Edwards sobre la vida emotiva no es tan necesario. Pero nosotros no pensamos así. Afirmamos que el contexto de la subcultura evangélica Latinoamericana debe redescubrir el lugar correcto de las afecciones religiosas, para citar a Edwards. Sí el contexto Norteamericano tiende a sobreestimar el aspecto de las emociones. Creemos que ambas culturas deben aprender la una de la otra y ambos debemos acercarnos a un redescubrimiento de la cultura bíblica al respecto. Pensamos que Edwards, por ser tan versado en las Escrituras, nos ayuda a las dos culturas en este proceso. Creemos que una de las ventajas del Postmodernismo es el anhelo de concretar precisamente esto (Ver Pregunta #4).

1 Juan 5.1 Todo aquél que cree que Jesús es el Cristo (el Mesías), es nacido de Dios. Todo aquél que ama al Padre, ama al que ha nacido de Él.

Además, por el pasaje paralelo del apóstol Pablo, tenemos la misma regla dada para distinguir al verdadero Espíritu de toda falsificación, dice 1 Co.12:3:

1 Corintios 12.3 Por tanto, les hago saber que nadie hablando por el Espíritu de Dios, dice: "Jesús es anatema (maldito);" [o muestre mala o pobre estima por él], y nadie puede decir: "Jesús es el Señor," excepto por el Espíritu Santo.

Así que, claramente se puede notar, que el espíritu que obra en medio de un pueblo, obra para convencerles de Cristo, y guiarles a él (confirmando sus mentes en la certeza de la historia de Cristo cuando él se manifestó en carne), convenciéndoles también que él es el Hijo de Dios, enviado por Dios para salvar a los pecadores , que él es el único Salvador; y que ellos se hallan en gran necesidad de él; y si al parecer se producen en ellos mayores y más reverentes pensamientos[5] hacia él, de lo que acostumbraban tener, e inclinan sus afecciones más hacia él; esto es segura señal de que la obra es del verdadero y correcto Espíritu.

Sin embargo, reconocemos que podemos ser incapaces de determinar, si algunas convicciones y afecciones sean de tal naturaleza y determinar el grado en que llevan o no a la salvación. Pero, las palabras del apóstol son notables, la persona de quien el Espíritu da testimonio, y por quién él eleva la estima deber ser aquel

---

[5] Notáis vosotros la rica combinación entre los pensamientos y las afecciones. Aquí tenemos al Edwards "de pura cepa". El auténtico avivamiento produce una Cristología renovada, no necesariamente una Cristología "novedosa". El avivamiento auténtico nos ayuda a redescubrir al Cristo de las Escrituras, al Cristo de los credos, al Cristo de los hombres y mujeres de Dios avivados a lo largo de la historia (Ver Pregunta #5)

Jesús, quien se manifestó en carne, y no otro Cristo en su lugar; no algún Cristo místico, ni fantástico: tal como la luz interior, como aquel espíritu que los cuáqueros exaltan[6], y que al mismo tiempo disminuye su estima y dependencia de un Cristo real (o Jesús que vino en la carne) y los desvía de él; pero el espíritu que da testimonio de ese Jesús, y guía a él no puede ser otro que el Espíritu de Dios.

El diablo tiene la más amarga e implacable enemistad contra la persona de Cristo, especialmente en su calidad de Salvador de los hombres; él odia a muerte la historia y doctrina de la redención[7]; él nunca contribuiría en producir en los hombres pensamientos más reverentes hacia Jesús, o a dar una mayor importancia a sus instrucciones y mandamientos.

El Espíritu que inclina los corazones de los hombres hacia la simiente de la mujer no es el espíritu de la serpiente que tiene tan irreconciliable enemistad con él. El que realza la estima de los hombres por el glorioso Miguel, aquel príncipe de los ángeles no es el espíritu del dragón, que más bien está en guerra con él.

2. Una obra del Espíritu destruye las obras de Satanás y el pecado de los hombres

Cuando el espíritu que está obrando opera contra los intereses del reino de Satanás; que consisten en alentar y establecer el pecado, y fomentar las codicias mundanas de

---

[6] Aquí Edwards nos advierte del peligro de una Cristología "novedosa", mística y fantástica. Se une a los críticos del avivamiento en su condenación a los "cuáqueros", precisamente porque ellos, en su fantasma, empezaron a alejarse del Cristo de las Escrituras. Edwards de ninguna manera está proponiendo una espiritualidad alejada de los parámetros bíblicos (Ver Pregunta #6).

[7] Aquí vemos una alusión al "kerigma" de Edwards, una soteriología Cristocéntrica.

los hombres; ésta es una señal segura de que es verdadero y no un falso espíritu.

Esta señal nos ha sido dada en los versos 4 y 5:

1 Juan 4.4–5 Hijos míos, ustedes son de Dios y han vencido a los falsos profetas, porque mayor es Aquél que está en ustedes que el que está en el mundo. Ellos son del mundo; por eso hablan de parte del mundo, y el mundo los oye.

Esta es una verdadera antítesis: es evidente que el apóstol todavía está comparando aquellos que son influenciados por las dos clases opuestas de espíritus[8], el verdadero y el falso, y mostrando la diferencia; el uno es de Dios y vence al espíritu del mundo; el otro es del mundo que habla y saborea de las cosas del mundo. El espíritu del diablo es aquí llamado, "el que está en el mundo". Cristo dice, "Mi reino no es de este mundo". Pero ocurre lo contrario con el reino de Satanás, él es "el dios de este mundo".

Lo que el apóstol quiere decir por "el mundo", o "las cosas que son del mundo", lo entendemos por sus propias palabras, en el capítulo 2 de esta epístola, versos 15 y 16:

1 Juan 2.15–16 No amen al mundo ni las cosas *que están* en el mundo. Si alguien ama al mundo, el amor del Padre no está en él. Porque todo lo que hay en el mundo, la pasión de la carne, la pasión de los ojos, y la arrogancia de la vida (las riquezas), no proviene del Padre, sino del mundo.

Así que, por "el mundo" el apóstol evidentemente quiere dar a entender todas las cosas que le conciernen al interés del pecado, y comprende todas las corrupciones y codicias de los hombres, así

---

[8] Edwards capta en su exégesis de 1ª Juan una polarización de dos reinos, lo verdadero y lo falso, encabezado por Cristo y Satanás respectivamente.

como todos aquellos actos y objetos pecaminosos por los cuales ellos son gratificados.

De manera que, podemos con seguridad determinar por lo que el apóstol dice, que el espíritu que obra en medio de un pueblo, de tal manera que disminuye el aprecio de los hombres por los placeres, ganancias y honores del mundo, quitando de sus corazones la ansiosa búsqueda por estas cosas, comprometiéndolos en un profundo interés por el estado futuro y la eterna felicidad que el evangelio revela, colocándolos en una honesta búsqueda del reino de Dios y su justicia; el espíritu que los convence de lo terrible del pecado, de la culpa que trae y la desgracia a la cual expone; tiene que ser el Espíritu de Dios.[9]

Es imposible suponer que a Satanás le interese convencer a los hombres de pecado y despertar sus conciencias. En ninguna forma contribuiría a su propósito, hacer que la luz del Señor brille más intensamente y hacer oír la voz de Dios en el alma. En cualquier cosa que haga, su interés consiste en arrullar la conciencia dormida y mantenerla callada.

Despertar los sentidos del alma, contribuiría a trabar e impedir todos sus designios de oscuridad. Aún más, perturbaría sus asuntos, desbarataría sus intereses y lo atormentaría, de tal manera, que no podría manipular nada a su gusto, sin sufrir molestia. Cuando el diablo pretende atrapar al hombre en el pecado, ¿tomaría en primer lugar tal rumbo, que busque iluminar y despertar la conciencia de los hombres de modo que se vea lo terrible del pecado, haciéndolos en extremo temerosos de ello, y conscientes de su desgracia a causa de sus pecados pasados, y su gran necesidad de ser liberados de su

---

[9] "Señor, esta clase de avivamiento es la que necesitamos. El mundo ha penetrado en las filas de la iglesia. Necesitamos una reforma, un avivamiento a la vez. No simplemente un avivamiento espurio que no cambia las estructuras y los fundamentos de las iglesias, sino un avivamiento acompañado por una reforma que redescubra la conciencia bíblica de la verdadera relación que debe existir entre el creyente y el mundo."

culpa?, ¿los haría más prudentes, inquisitivos, y vigilantes para discernir lo que es pecaminoso y para evitar así futuros pecados; y por lo tanto, más temerosos de las tentaciones del diablo y más cuidadosos en guardarse contra todo aquello? ¿Dónde está la cordura de aquellos hombres que suponen que el Espíritu que opera así es el espíritu del diablo?[10]

Posiblemente, algunos podrán decir que el diablo puede aún despertar las conciencias de los hombres para engañarlos y hacerles pensar que han sido objeto de una obra salvadora por el Espíritu de Dios, mientras que en realidad ellos aún están en hiel de amargura. Pero a esto, se puede replicar que entre todos los hombres del mundo el hombre que tiene una conciencia despierta es el menos indicado para ser engañado.

Es la conciencia adormecida, insensible, estúpida, la que es más fácilmente cegada.[11] Mientras más sensible sea la conciencia de un alma penitente, menos fácil será acallarla sin que experimente una real curación. Mientras la conciencia se vuelva más sensible respecto al drama del pecado y de lo inmenso de la propia culpabilidad, tendrá menos probabilidad de descansar en su propia justicia o apaciguarse con solo sombras. Quien ha sido profundamente aterrorizado por la conciencia de su propia miseria

---

[10] Aquí tenemos el uso poderoso de una herramienta que se llama la pregunta retórica. Igual que Jesús, Edwards sabe emplear con mucha eficacia la pregunta retórica para silenciar a sus críticos. Noten ustedes como Edwards utiliza la razón en su apologética del Primer Gran Despertar. Cuando él hace la pregunta "¿Qué pasa con la razón de aquellos hombres, que suponen que el espíritu que opera de esta manera (descrita en el contexto) sea el espíritu del diablo? Aquí Edwards empieza a atacar a los críticos del avivamiento, condenándolos por su falta de perspicacia espiritual.

[11] Punto por punto, cual abogado defensor, Edwards defiende el avivamiento de los críticos, de los adversarios del avivamiento. Podemos aprender mucho del estilo de Edwards. Preste atención a los argumentos de los críticos. El, en algunos puntos cede y reconoce que tienen razón. No trata de justificar las aberraciones del avivamiento. No está tan casado con el avivamiento que no puede apreciar la validez de algunos de los puntos de los críticos. Pero avanza punto por punto, y punto por punto contesta y clarifica como es la casa.

y el peligro en que se halla, no es fácilmente lisonjeado para creerse salvo sin tener un buen fundamento.[12]

El despertar la conciencia y el convencerla de la maldad del pecado no contribuye al arraigo de este último, sino por el contrario, ciertamente tiende a abrir paso para que el pecado y Satanás sean cortados. Por lo tanto, este es un buen argumento para decir que el Espíritu que opera así, no puede ser el espíritu del diablo, salvo que supongamos que Cristo no sabía cómo argüir, al decirles a los fariseos (quienes suponían que el Espíritu por el cual él obraba era el espíritu del diablo) que Satanás no echaría fuera a Satanás, Mat.12:25-26.

> **Mateo 12.25–26** Conociendo Jesús sus pensamientos, les dijo: "Todo reino dividido contra sí mismo es asolado, y toda ciudad o casa dividida contra sí misma no se mantendrá en pie. "Si Satanás expulsa a Satanás, está dividido contra sí mismo; ¿cómo puede entonces mantenerse en pie su reino?

Por lo tanto, si vemos personas sensibilizadas por la terrible naturaleza del pecado, y por el desagrado de Dios contra ellos. Sensibilizados por su propia condición miserable en la cual se encuentran a causa del pecado y honestamente interesados en su salvación eterna.

Si vemos su necesidad de la ayuda y piedad divinas, estando empeñados en buscarlas usando los medios que Dios ha señalado. Podemos con seguridad concluir que cualesquiera que sean los efectos que este obrar produzca en sus cuerpos; esto es del Espíritu de Dios, aunque esto los lleve a clamar en voz alta, gritar,

---

[12] Aquí tenemos una rica exposición pastoral acerca de la importancia de la convicción en el ministerio. Edwards, cual buen Puritano, enfatiza el papel de la ley.

desmayarse, o aunque esto los arroje en convulsiones, o cualquier otra forma en la que la sangre y el alma son movidos.[13] La influencia del Espíritu de Dios se manifiesta más abundantemente si las personas tienen sus corazones alejados del mundo y del afecto de las cosas que son objeto de sus codicias mundanas, siendo sacados de sus intereses mundanos por la conciencia que ellos tienen de la excelencia de las cosas divinas[14] y la estima por aquellos goces espirituales del otro mundo que ha sido prometido en el evangelio.

---

[13] ¡Qué oigan! Aquí tenemos la quintaesencia de Edwards, y cuán vigentes son sus observaciones para el contexto español y latinoamericano. El tipo de avivamiento que necesitamos es un avivamiento caracterizado por una profunda conciencia de la pecaminosidad del pecado, del rechazo de Dios por el pecado, de la miseria del hombre pecador, un avivamiento caracterizado por un profundo sentido de necesidad de misericordia, compasión y ayuda. Un avivamiento con estas características será de Dios, no importa cuáles sean las manifestaciones y la fenomenología que acompañan dicho avivamiento. Edwards anima al lector a contemplar lo esencial y no lo periférico. El lector de hoy sería sabio en hacer lo mismo. Algunos contemplan lo periférico y de frente, o rechazan o aprueban el avivamiento, en lugar de escrudiñar más cuidadosamente si las características esenciales estás presentes o no. Ambos están en el error. El enfoque debe estar en la quintaesencia y no es lo periférico. El contexto español y Latinoamericano ha perdido suficiente tiempo y ha entristecido suficientemente al espíritu Santo con su enfoque equivocado. Y lamentablemente ambas escuelas han contribuido al error (Ver Preguntas # 8).

[14] La frase "excelencia de las cosas Divinas" es muy propia de Edwards (muy típica). Diríamos en inglés que es "vintage Edwards" (Edwards de pura cepa"). Los estudiosos de Edwards han evaluado cuidadosamente su vocabulario. Algunos basado en un conocimiento parcial de él (mayormente basado en un sólo sermón, "Los Pecadores en las Manos de un Dios Airado"), critican a Edwards por su concepto de Dios. Toda la escritura de Edwards indica que su vocabulario favorito contempla términos como "excelencia", "sublimidad" y "grandeza" para hablar acerca de la Divinidad y especialmente acerca del amor de Cristo. Lo que sucede es que el concepto "integral" que Edwards tiene acerca de Dios lo capacita para apreciar la hermosura del evangelio de una manera que el "evangélico" común y corriente simplemente no aprecia, por su pobre concepto de Dios. "Señor, libéranos de conceptos de Ti que no son dignos de Ti. Libéranos de la idolatría evangélica". (Ver Preguntas #9).

3. Una obra del Espíritu guía a un mayor interés en las Escrituras

El espíritu que opera de tal manera que produce en los hombres un mayor interés hacia las Santas Escrituras y los afirma más en su verdad e inspiración divina, es ciertamente el Espíritu de Dios.

Esta regla nos es dada por el apóstol en 1 Juan 4:6: "Nosotros somos de Dios; el que conoce a Dios, nos oye; el que no es de Dios, no nos oye. En esto conocemos el espíritu de verdad y el espíritu de error".

"Nosotros somos de Dios", es decir, "nosotros los apóstoles, somos enviados de Dios, y señalados por El para enseñar al mundo, y para entregar aquellas doctrinas e instrucciones, las cuales deben ser su regla; el que conoce a Dios, nos oye".

El argumento del apóstol aquí igualmente alcanza a todos los que, en el mismo sentido, son de Dios; esto es, todos aquellos que Dios ha señalado e inspirado para entregar a su iglesia sus reglas de fe y práctica; todos los profetas y apóstoles de cuya doctrina Dios ha hecho el fundamento, sobre el cual, Él ha edificado su iglesia, tal como lo encontramos en Ef. 2:20; en una palabra, todos los escritores de las Santas Escrituras.

El diablo nunca intentaría producir en las personas alguna atención a esa divina palabra que Dios ha dado, para ser la grande e inmutable regla para la dirección de su iglesia en todos los asuntos religiosos, y en todo lo que concierne a sus miembros a través de todas las edades. Un espíritu de engaño no llevará a las personas a buscar dirección en la voz de Dios. A la ley y al testimonio, nunca es el grito de aquellos espíritus malignos que no tienen ninguna luz en ellos; ya que ésta es la dirección del mismo Dios para descubrir sus engaños. Isa.8:19-20:

Isaías 8.19–20 Y cuando les digan: "Consulten a los adivinos y a los espiritistas que susurran y murmuran," *digan:* '¿No debe un pueblo consultar a su Dios?' *¿Acaso consultará* a los muertos por los vivos? ¡A la ley y al testimonio! Si ellos no hablan conforme a esta palabra, es porque no hay para ellos amanecer.

El diablo no dice lo mismo que Abraham. "A Moisés y a los profetas tienen, óiganlos", ni tampoco lo que la voz del cielo dijo concerniente a Cristo, "A El oíd". El espíritu de error, a fin de engañar a los hombres, ¿produciría en la gente una elevada opinión de la regla infalible? ¿Los inclinaría a pensar y familiarizarse mucho más con ella? ¿El príncipe de la oscuridad, guiaría a los hombres hacia el sol para promover su reino de oscuridad?[15]

El diablo siempre ha mostrado un rencor mortal y aborrecimiento hacia ese santo Libro de la Biblia: él ha hecho todo lo que está en su poder para extinguir esa luz; y para alejar a los hombres de ella. El conoce que es la luz por la cual su reino de oscuridad está por ser aniquilado. Él ha experimentado su poder por muchas edades, desbaratando sus propósitos y frustrando sus designios; ésta es su constante molestia. Es la principal arma que Miguel usa en su guerra con él: es la espada del Espíritu, que lo atraviesa y lo sojuzga. Es la grande y fuerte espada con la cual Dios castiga al Leviatán, aquella serpiente pervertida. Es esa espada aguda de la que leemos en Apoc.19:15, la cual sale de la boca del que está sentado sobre el caballo, con la cual hiere a sus enemigos.

Cada texto es un dardo que atormenta a la serpiente antigua. Él ha sentido el dolor del aguijón miles de veces, por lo tanto, está empeñado en contra de la Biblia y odia cada palabra de ella. Podemos estar seguros de que él nunca intentará elevar el aprecio

---

[15] Otra vez vemos la lógica poderosa de Edwards con esta pregunta. Debemos también aprender a ser incisivos con nuestros argumentos. Aquí Edwards argumenta que el Diablo no inspiraría a una persona a valorar las Escrituras.

de las personas por ella o la afección hacia ella. Y según vemos, es común entre los fanáticos,[16] que ellos menosprecien esta regla escrita y pongan la luz interior o alguna otra regla por encima de ella.

Otra regla para juzgar a los espíritus puede ser extraída de aquellas palabras apremiantes dadas a los espíritus opositores, en las últimas palabras del verso 6, "El espíritu de verdad y el espíritu de error".

1 Juan 4.6 Nosotros somos de Dios. El que conoce a Dios, nos oye; el que no es de Dios, no nos oye. En esto conocemos el espíritu de la verdad y el espíritu del error.

Estas palabras exponen las dos categorías opuestas, la del Espíritu de Dios y la de otros espíritus que falsifican sus operaciones.

4. Una obra del Espíritu convence de las verdades de la Escritura

Por lo tanto, si al observar la manera de operar de un espíritu que está obrando en medio de un pueblo, vemos que opera como un espíritu de verdad, guiando a las personas a la verdad, convenciéndolas de aquellas cosas que son verdaderas, podemos con seguridad determinar que este es un correcto y verdadero espíritu.

---

[16] Edwards llama "entusiastas" no a aquellos que tienen un celo sano y equilibrado por las cosas de Dios, sino a aquellos fanáticos que, en una manera desproporcionada, enfatizan algunos aspectos de la verdad y tienden a descuidar otros. Así desprecian la ley escrita. Es una característica común de los "entusiastas". Sospecho que Edwards aquí presta de Juan Wesley quien habló mucho del peligro del "entusiasmo" aunque podría ser que Wesley presta de Edwards, o que los dos prestan de algún "otro". Los dos son contemporáneos, nacidos en el mismo año 1703.

Por ejemplo, si observamos que el espíritu que está obrando hace a los hombres más conscientes de lo que acostumbraban ser; de que hay un Dios, que es Dios grande y que aborrece el pecado; que la vida es corta y muy incierta; que hay otro mundo; que ellos tienen almas inmortales y deben dar cuenta de sí mismos a Dios; que son en extremo pecadores por naturaleza y práctica; que están imposibilitados en ellos mismos; y los confirma en otras cosas que están de acuerdo con alguna sana doctrina.[17]

El espíritu que obra así, opera como un espíritu de verdad; representa las cosas como realmente son. El trae a los hombres hacia la luz; porque lo que hace que la verdad se manifieste es la luz; como el Apóstol Pablo observa en Ef. 5:13:

> **Efesios 5.13** Pero todas las cosas se hacen visibles cuando son expuestas por la luz, pues todo lo que se hace visible es luz.

Por lo tanto, podemos concluir que no es el espíritu de oscuridad el que haría que se descubra y se manifieste la verdad. Cristo nos dice que Satanás es un mentiroso y padre de mentira; su reino es reino de oscuridad, siendo sostenido y promovido sólo por la oscuridad y el error.

Satanás tiene todo su poder y dominio en la oscuridad. Podemos leer del poder de la oscuridad en Lc. 22:53 y Col.1:13.

---

[17] Aquí observamos algunas de las características sobresalientes de una obra auténtica del Espíritu de Dios. El hombre es más sensible a las cosas de Dios, más sensible a la existencia de Dios y que dicho Dios es grande y aborrece al pecado. El avivamiento auténtico produce conciencia de que la vida es efímera, muy insegura, hay otro mundo, el alma es inmortal y el hombre debe rendir cuentas de sus acciones a Dios. El avivamiento auténtico produce conciencia de que la naturaleza humana es pecaminosa en extremo y por eso el hombre natural es desahuciado y completamente inútil en sí. El avivamiento auténtico produce todo lo que es de acuerdo con la sana doctrina. Apliquemos esta prueba al supuesto avivamiento en nuestro medio para decidir si es, o no, de Dios.

Los malignos son llamados "los gobernadores de las tinieblas de este mundo".

> **Lucas 22.53** "Cuando estaba con ustedes cada día en el templo, no Me echaron mano; pero esta hora y el poder de las tinieblas son de ustedes."
>
> **Colosenses 1.13** Porque Él nos libró del dominio (de la autoridad) de las tinieblas y nos trasladó al reino de Su Hijo amado.

Cualquier espíritu que quite nuestra oscuridad y nos traiga a la luz, nos libra del engaño, y al convencernos de la verdad, nos hace un bien. Si yo soy traído a la visión de la verdad y soy hecho sensible a las cosas como realmente son, mi deber es agradecer inmediatamente a Dios por ello, sin primero levantarme a cuestionar por qué medios tengo tal beneficio.

5. Una obra del Espíritu genera amor a Dios y al hombre

> *Cuando el espíritu que obra en medio de un pueblo opera como un espíritu de amor a Dios y al hombre, ésta es una señal segura de que es el Espíritu de Dios.*

En esta señal insiste el apóstol, desde el verso 6 hasta el final del capítulo: "Amados, amémonos unos a otros; porque el amor es de Dios. Todo aquel que ama, es nacido de Dios, y conoce a Dios. El que no ama, no ha conocido a Dios; porque Dios es amor". Aquí es evidente que el apóstol aún está comparando aquellas dos clases de personas, las cuales, son influenciadas por los tipos opuestos de espíritus; y menciona el amor como una marca por la cual conocemos al que es del verdadero espíritu. Pero esto se hace especialmente evidente a través de los versos 12 y 13.

1 Juan 4.12–13 A Dios nunca Lo ha visto nadie. Si nos amamos unos a otros, Dios permanece en nosotros y Su amor se perfecciona en nosotros. En esto sabemos que permanecemos en El y El en nosotros: en que nos ha dado de Su Espíritu.

En estos versos se habla del amor como si en esto consistiera la misma naturaleza del Espíritu Santo; o como si el divino amor morando en nosotros y el Espíritu de Dios morando en nosotros, fueran la misma cosa; como ocurre también en los últimos dos versos del capítulo precedente, y en el verso 16 de este capítulo. Así pues, el apóstol parece hablar de esta última marca del verdadero Espíritu, como la más eminente: y de este modo insiste más ampliamente en ella que sobre todo lo demás. Habla expresamente tanto del amor a Dios como a los hombres; del amor a los hombres en los versos 7,11, y 12; y del amor a Dios, en los versos 17, 18, y 19; y de ambos juntos, en los últimos dos versos, en donde refiere que amar a los hombres, es algo que brota del amor a Dios.

Por lo tanto, cuando el espíritu que está obrando en medio de las personas toma esta dirección y conduce a muchos a elevados pensamientos de exaltación del Divino Ser[18] y sus gloriosas perfecciones, manifestándose en ellos un admirable y delicioso sentido[19] de la excelencia de Jesucristo; representándolo como

---

[18] El avivamiento auténtico produce pensamientos acercad e Dios dignos de Él. Edwards enfatiza las perfecciones gloriosas de Dios. La época de Edwards (1703 – 1756) era una época de la historia nutrida por La Reforma, El Calvinismo y El Puritanismo. Dichos movimientos contemplaron la Persona de Dios de una manera muy diferente a la de hoy. El Dios de los evangélicos es un Dios distinto al Dios de los Puritanos. Debemos redescubrir el Dios de la Biblia, y los escritos de los puritanos nos ayudarían mucho en el proceso.

[19] Las palabras "admirable", "delicioso" o "deleitosa sensación de la excelencia de Cristo" captan la esencia de Edwards. Tiene una Cristología sumamente elevada. Recomendamos al lector un sermón de las excelencias de Cristo.

"señalado entre diez mil", "todo él codiciable", considerándolo precioso para el alma.

Cuando el corazón es cautivado y atraído con aquellas motivaciones e incitaciones al amor, del cual, el apóstol habla en el pasaje de la Escritura en el que estamos, a saber, el maravilloso y gratuito amor de Dios que da a su Unigénito Hijo para morir por nosotros y el maravilloso amor de Cristo, hasta la muerte, por nosotros que no le amábamos, sino que éramos sus enemigos; éste debe ser el Espíritu de Dios. Según los versos 9 y 10:

> **1 Juan 4.9–10** En esto se manifestó el amor de Dios en nosotros: en que Dios ha enviado a Su Hijo unigénito (único) al mundo para que vivamos por *medio de* Él. En esto consiste el amor: no en que nosotros hayamos amado a Dios, sino en que Él nos amó a nosotros y envió a Su Hijo *como* propiciación por nuestros pecados.

Y el verso 16 y 19 añade:

> **1 Juan 4.16** Y nosotros hemos llegado a conocer y hemos creído el amor que Dios tiene para nosotros. Dios es amor, y el que permanece en amor permanece en Dios y Dios permanece en él.
> **1 Juan 4.19** Nosotros amamos porque Él nos amó primero.

El Espíritu que inspira a amar con estas motivaciones y hace de los atributos de Dios, revelados en el evangelio y manifestados en Cristo, deliciosos objetos de contemplación; el Espíritu que hace que el alma anhele a Dios y a Cristo (siguiendo su presencia, su comunión, la familiaridad y la conformidad a ellos), guiándola a vivir para agradarles y honrarles; el Espíritu que apacigua conflictos entre los hombres y da un espíritu de paz y buena voluntad; que motiva a llevar a cabo actos visibles de bondad; que produce profundos deseos por la salvación de las almas y causa un deleite en aquellos que se muestran como Hijos de Dios y seguidores de Cristo. Yo digo, cuando un espíritu opera de esta forma en medio de un pueblo, hay evidencia, de la más contundente, de que se trata del obrar del verdadero y divino Espíritu.[20] En realidad, hay un amor falsificado, que a menudo aparece entre aquellos que son guiados por un espíritu de engaño. Existe comúnmente entre los más desenfrenados fanáticos, un tipo de unión y afección, que surge del amor propio, un amor que es producto de su coincidencia en aquellas cosas en las cuales difieren grandemente de todos los demás y en lo cual son objeto de ridículo ante todo el resto de la humanidad.

Naturalmente, esto provoca que aprecien mucho más aquellas peculiaridades que los hacen objeto del desprecio de los demás, así como los antiguos gnósticos y los fanáticos desenfrenados que aparecieron al principio de la reforma, presumían de su gran amor unos a otros, tanto así, que una de aquellas sectas, en particular, se llamaba a sí misma, "familia de amor". Pero esto, es absolutamente diferente del amor cristiano que acabo de describir: es sólo la obra de un amor propio natural y no de una verdadera benevolencia; no más, que la unión y amistad que puede haber en medio de una compañía de piratas que están en guerra con todo el resto del mundo.

Hay suficiente en este pasaje acerca de la naturaleza del verdadero amor cristiano, como para distinguirlo completamente de todas aquellas falsificaciones. Es amor, el que nace de la comprensión de las maravillosas riquezas de la gratuita gracia y soberanía del amor de Dios por nosotros en Jesucristo, que va acompañado de una conciencia de nuestra propia total indignidad,

---

[20] "Señor, danos esta clase de avivamiento. Esto es lo que necesitamos". Es probable que aquí Edwards esté pensando en la experiencia del avivamiento que experimentó su esposa Sarah. De toda la literatura que he leído (y a mí me fascina la literatura biográfica de los hombres y las mujeres de Dios) tal vez no hay otra literatura tan sublime y tan profunda, con evidencia de una espiritualidad tan preciosa y tan íntima, como es la literatura de Edwards al describir la experiencia del avivamiento en su iglesia encarnada en la vida de su propia esposa.

como enemigos y aborrecedores de Dios y Cristo; y de una renunciación de toda nuestra excelencia y justicia propia. Vea los versos 9, 10, 11, y 19.

1 Juan 4.9–11 En esto se manifestó el amor de Dios en nosotros: en que Dios ha enviado a Su Hijo unigénito (único) al mundo para que vivamos por *medio de* Él. En esto consiste el amor: no en que nosotros hayamos amado a Dios, sino en que Él nos amó a nosotros y envió a Su Hijo *como* propiciación por nuestros pecados. Amados, si Dios así nos amó, también nosotros debemos amarnos unos a otros.

La prueba más segura del correcto y verdadero, divino y sobrenatural amor (que lo distingue de falsificaciones que surgen de un natural amor propio) es que la virtud cristiana de la humildad brilla en él y está por encima de todas las otras renuncias, rebaja y aniquila lo que denominamos el "ego". [21] El amor cristiano o la verdadera caridad es un amor humilde. Dice 1 Co. 13:4-5:

1 Corintios 13.4–5 El amor es paciente, es bondadoso. El amor no tiene envidia; el amor no es jactancioso, no es arrogante. No se porta indecorosamente; no busca lo suyo, no se irrita, no toma en cuenta el mal *recibido*.

Por tanto, cuando en las personas, vemos amor acompañado de un sentido de su propia pequeñez, vileza, debilidad, auto renunciamiento y pobreza de espíritu, éstas son las señales manifiestas del Espíritu de Dios. Aquel que de esta manera permanece en amor, permanece en Dios y Dios en él. En 1 Juan 4:12 el apóstol habla de lo que considera la gran evidencia de la

---

[21] Notáis vosotros la relación que Edwards establece entre el amor auténtico y la humildad. Esto no es un concepto común en la espiritualidad, y vale la pena reflexionar sobre las implicancias de los pensamientos de Edwards. De hecho, todo lo que Edwards escribe merece mucha meditación (Ver Pregunta #10).

manifestación del verdadero Espíritu, esto es, el amor de Dios o el amor de Cristo: "Su amor se ha perfeccionado en nosotros".

El ejemplo de Cristo es donde mejor podemos ver esta clase de amor. El amor que mostró ese Cordero de Dios no sólo fue amor hacia los amigos sino también a los enemigos, además fue un amor acompañado de un espíritu manso y humilde. "Aprended de mí", dijo Él, "que soy manso y humilde de corazón". El amor y la humildad son las dos cosas más contrarias al espíritu del diablo que cualquier otra cosa que haya en el mundo; porque el carácter de ese espíritu maligno, sobre todas las cosas, consiste en orgullo y malicia.

De este modo, he hablado particularmente de las varias marcas que el apóstol nos da para reconocer la obra del verdadero Espíritu. Estas son algunas de las cosas que el diablo no haría si pudiera: él no despertaría la conciencia, haciendo a los hombres sensibles de su estado miserable a causa del pecado, tampoco les haría sensibles de su gran necesidad de un Salvador; él no confirmaría a los hombres en la fe de que Jesús es el Hijo de Dios y el Salvador de los pecadores, ni elevaría el valor y la estima de los hombres por Él

Él no produciría en las mentes de los hombres una persuasión de la necesidad, utilidad y verdad de las Santas Escrituras, ni los inclinaría a hacer mucho uso de ella; ni mostraría a los hombres la verdad en cosas que conciernen al interés de sus almas, para desengañarlos y guiarlos fuera de la oscuridad hacia la luz, dándoles una visión de las cosas como realmente son. Y hay otras cosas que el diablo no puede hacer ni hará; él no dará a los hombres un espíritu de amor divino o humildad cristiana y pobreza de espíritu, ni tampoco podría si quisiera.

Él no puede dar aquellas cosas que él mismo no tiene; estas cosas son completamente contrarias a su naturaleza. Y por lo tanto[22], cuando hay una extraordinaria influencia u operación manifestándose en las mentes de un pueblo, si los elementos mencionados se encuentran en ella, estamos seguros en saber que se trata de la obra de Dios, cualesquiera sean otras circunstancias que puedan acompañarla, cualesquiera sean los instrumentos usados, cualesquiera sean los medios que un Dios soberano, cuyos juicios son insondables, emplee para llevarla a cabo; y cualesquiera sean las experiencias que se den en el espíritu natural de la gente, cualesquiera sean los efectos que puedan obrarse en los cuerpos de los hombres.

Estas marcas que el apóstol nos ha dado son, por sí mismas, suficientes para mantenerse y sostenerse con firmeza. Ellas muestran plenamente el dedo de Dios y son suficientes para superar mil de estas pequeñas objeciones que tantos tienen a causa de las extrañezas, irregularidades, los errores en la conducta, los engaños y los escándalos de algunos maestros.

---

[22] Edwards aquí está presentando sus argumentos finales, cual perito abogado. De hecho, él considera que tiene una responsabilidad como apologista o defensor del Primer Gran Despertar frente a los críticos, a sus adversarios, o más precisamente, a los adversarios del avivamiento. Edwards no personaliza el debate. Lo que me llama mucho la atención aquí es la tolerancia de Edwards. Si hay las señales no ambiguas presentes en un avivamiento, especialmente la señal del amor y la humildad, que se manifiesta con convicción de pecado, reconocimiento de Jesucristo, elevación de las Escrituras, y amor por Dios y el hombre acompañado por una auténtica humildad, todo esto, según Edwards, es suficiente para justifica la autenticidad del avivamiento, aún si hubiera (a) instrumentos anormales (b) métodos no convencionales, (c) efectos corporales muy inusitados. Según Edwards "dichas marcas que el Apóstol nos ha dado son suficientes para sostenerse solos". Es decir, si las cosas esenciales están presentes, tengamos amplio grado de tolerancia por las cosas periféricas que puedan ir acompañando el avivamiento. Según Edwards, dichas cosas esenciales sobrepasan mil objeciones pequeñas, sea de índole de rarezas, irregularidades, errores en conducta, ilusiones y escándalos de algunos que profesan ser avivados. Evidentemente, Edwards no avala las cosas periféricas en sí, simplemente intenta cuidarnos del error (y según Edwards, es un error) de descartar un obrar de Dios precisamente porque no nos guste, algunos de los acompañamientos de índole periférica. (PR#11.)

Pero, aquí algunos podrían objetar contra la suficiencia de las marcas dadas, que el Apóstol dice en 2 Co.11:13-14:

2 Corintios 11.13–14 Porque los tales son falsos apóstoles, obreros fraudulentos, que se disfrazan como apóstoles de Cristo (el Mesías). Y no es de extrañar, pues aún Satanás se disfraza como ángel de luz.

A lo cual, yo respondo que esto no puede ser objeción alguna contra la suficiencia de estas marcas que nos ayudan a distinguir el espíritu verdadero del falso en los falsos apóstoles y profetas, en quienes el diablo se ha transformado en un ángel de luz. La razón es que principalmente el contexto en el que el apóstol da estas marcas es justamente con la mirada puesta en cosas como aquellas, como se nota por las palabras del texto, "No creáis a todo espíritu, sino probad los espíritus si son de Dios".

La razón que él da es que muchos falsos profetas han salido por el mundo, que son ministros del diablo, quienes se transforman a sí mismos en profetas de Dios, en quienes el espíritu del diablo se disfraza como un ángel de luz; por lo tanto; se deben probar los espíritus a través de estas reglas que ha dado, para que puedan ser capaces de distinguir el verdadero espíritu del falso, bajo tan astuto disfraz".

Aquellos falsos profetas de los cuales habla el apóstol Juan son sin duda la misma clase de hombres que aquellos falsos apóstoles y obreros fraudulentos de los que el apóstol Pablo hace mención, hombres en quienes el diablo se ha disfrazado como ángel de luz. Por lo tanto, podemos estar seguros de que estas marcas son especialmente apropiadas, ya que han sido dadas especialmente con este fin, para distinguir entre el verdadero espíritu y el diablo disfrazado de un ángel de luz. Este es el objetivo y el plan que el apóstol declara, esto es, dar marcas por las cuales el verdadero Espíritu pueda ser distinguido de esa clase de falsificaciones.

Y si miramos, lo que fue dicho acerca de aquellos falsos profetas y apóstoles (porque hay mucho que se dice acerca de ellos en el Nuevo Testamento), y notamos de qué manera en ellos el diablo se disfrazó como ángel de luz, no encontraremos nada que en lo mínimo dañe la suficiencia de estas marcas para distinguir el verdadero Espíritu de tales falsificaciones.

El diablo se disfrazó a sí mismo en ellos, como ángel de luz, haciendo una exhibición y un gran alarde de extraordinario conocimiento de las cosas divinas, como lo vemos en Col.2:8; 1 Ti.1:6-7; 6:3-5; 2 Ti.2:14-18; Tito 1:10,16.

Colosenses 2.8 Miren que nadie los haga cautivos por medio de *su* filosofía y vanas sutilezas, según la tradición de los hombres, conforme a los principios (las normas) elementales del mundo y no según Cristo.

1 Timoteo 1.6–7 *Pues* algunos, desviándose de estas cosas, se han apartado hacia una vana palabrería. Quieren ser maestros de la Ley, aunque no saben lo que dicen ni *entienden* las cosas acerca de las cuales hacen declaraciones categóricas.

1 Timoteo 6.3–5 Si alguien enseña una doctrina diferente y no se conforma a las sanas palabras, las de nuestro Señor Jesucristo, y a la doctrina *que es* conforme a la piedad, está envanecido *y* nada entiende, sino que tiene un interés corrompido en discusiones y contiendas de palabras, de las cuales nacen envidias, pleitos, blasfemias, malas sospechas, y constantes rencillas entre hombres de mente depravada, que están privados de la verdad, que suponen que la piedad (la religión) es un medio de ganancia.

Por ello, sus seguidores se hacían llamar Gnósticos, por su pretendido gran conocimiento; y el diablo en ellos imitó los dones milagrosos del Espíritu Santo, en visiones, revelaciones, profecías, milagros, etc.

De aquí que, ellos son llamados falsos apóstoles y profetas: vea Mt. 24:24. Otra vez, hubo una demostración falsa y pretensiones mentirosas de gran santidad y devoción en palabras, esto lo encontramos en Ro.16:17-18; Ef.4:14.

Romanos 16.17–18 Les ruego, hermanos, que vigilen a los que causan disensiones y tropiezos contra las enseñanzas que ustedes aprendieron, y que se aparten de ellos. Porque los tales son esclavos, no de Cristo nuestro Señor, sino de sus propios apetitos, y por medio de palabras suaves y lisonjeras engañan los corazones de los ingenuos. **Efesios 4.**14 Entonces ya no seremos niños, sacudidos por las olas y llevados de aquí para allá por todo viento de doctrina, por la astucia de los hombres, por las artimañas engañosas del error.

De aquí que ellos son llamados obreros fraudulentos, fuentes y nubes sin agua (2 Co.11:13; 2 Pe.2:17; Judas 12).

2 Corintios 11.13 Porque los tales son falsos apóstoles, obreros fraudulentos, que se disfrazan como apóstoles de Cristo (el Mesías). **2 Pedro 2.**17 Estos son manantiales sin agua, bruma impulsada por una tormenta, para quienes está reservada la oscuridad de las tinieblas. **Judas 12** Estos son escollos ocultos (manchas ocultas) en los ágapes de ustedes (fiestas espirituales de amor), cuando banquetean con ustedes sin temor, apacentándose (cuidándose) a sí mismos. *Son nubes sin agua llevadas por los vientos, árboles de otoño sin fruto, dos veces muertos y desarraigados.*

Hubo también en ellos una ostentación de extraordinaria piedad y justicia en su supersticiosa adoración (Col.2:16-23). Del mismo modo, ellos gozaban de un falso, orgulloso y amargo celo (Gal.4:17-18; 1 Ti.1:6; 6:4-5).

Gálatas 4.17–18 Algunos les tienen celo, no con buena intención, sino que quieren excluirlos a fin de que ustedes muestren celo por ellos. Es bueno mostrar celo con buena intención siempre, y no sólo cuando yo estoy presente con ustedes.

Y de igual manera, había una falsa demostración de humildad, pretendiendo un extraordinario sentimiento de pobreza espiritual y aflicción exterior, cuando en realidad, estaban "vanamente hinchados en su mente carnal"; haciendo de su humildad una obra de mérito, estaban extremadamente hinchados por su eminente piedad (Col.2:18,23).

Colosenses 2.18 Nadie los defraude de su premio deleitándose en la humillación de sí mismo y en la adoración de los ángeles, basándose en las *visiones* que ha visto, envanecido sin causa por su mente carnal.

Colosenses 2.23 Tales cosas tienen a la verdad, la apariencia de sabiduría en una religión humana, en la humillación de sí mismo y en el trato severo del cuerpo, *pero* carecen de valor alguno contra los apetitos de la carne.

Pero ¿En qué forma, cosas como éstas, aun mínimamente afectan aquello que ha sido mencionado como las evidencias distintivas del verdadero Espíritu? Al lado de estas vanas demostraciones, que podrían provenir del diablo, hay influencias comunes del Espíritu, que son a menudo confundidas con la gracia salvadora; pero éstas están fuera de debate, porque, aunque ellas no son salvíficas, sin embargo, son obra del verdadero Espíritu.

Habiendo, por tanto, cumplido lo que primeramente propuse, considerando lo que eran seguras y distintivas marcas por las cuales podemos, sin temor, proceder a juzgar cualquier obra que caiga bajo nuestra observación para determinar si es la obra del Espíritu de Dios o no; ahora procedo a la APLICACIÓN.

Preguntas de reflexión

1) ¿Qué piensa de los parámetros que Edwards establece? ¿Usted cree que son suficientes para establecer la validez de un avivamiento? ¿Qué otras señales son importantes para añadir a la lista de Edwards; que nos ayudaría a determinar si una obra es de Dios o no?

2) Describa en sus propias palabras que quiere decir Edwards cuando habla de "no signs" y "yes signs", es decir cuando habla de las "no señales" y de las "sí señales". En una monografía de no menos de 5 páginas, y no más de 8, explique su comprensión de estos términos. (Anotación #1.)

3) Describa su preocupación por el avivamiento en su vida personal, en su iglesia local, en su denominación, y en el mundo evangélico en el contexto latino (5-8 páginas).

4) Está usted de acuerdo con Pastor Klassen acerca de sus comentarios (Anotación #4) con respeto a la emotividad en el contexto Latino?

5) ¿Qué relación tiene la mente y las emociones en la verdadera espiritualidad? (Anotación #5.)

6) ¿Quiénes son los "Cuáqueros" de hoy? (Es decir, los equivalentes) (Anotación #6.)

7) ¿Cómo entendemos la diferencia entre la reforma y el avivamiento? (Anotación #9.)

8) ¿Describa como la iglesia evangélica, en el día de hoy, es culpable de caer en estos dos errores? (Anotación #13.)

9) En su opinión, ¿cuál es el concepto que tiene de Dios la iglesia evangélica en el día de hoy? ¿Dónde están los puntos de diferencia? (Anotación #14.)

10) ¿Cuál es la relación entre el amor y la humildad? (Anotación #21.)

11) ¿Estamos dispuestos a aceptar un avivamiento con la presencia de las señales positivas que Edwards menciona, aún si dicho avivamiento viene con (a) instrumentos anormales (b) métodos no convencionales, (c) efectos corporales muy inusitados? (Anotación #22.)

Preguntas de Reflexión Señales Autenticas de una obra del Espíritu[23]

1) "Señal Acertada #1" La Óperación Exalta a Jesús
   a) ¿Qué significa la palabra 'reconocer' 'confesar' de la manera que es usada en el Nuevo Testamento?
   b) "El Espíritu Santo induce los corazones de la gente hacia el Cristo histórico" ¿Qué significa esto para Edwards?

2) "Señal Acertada #2" El Espíritu Ataca los Intereses del Diablo
   a) ¿Cuáles son las características del reino del Diablo?
   b) ¿Qué quiere decir el apóstol Juan con 'el mundo'?
   c) ¿Porque no tiene sentido decir que el Diablo puede despertar las conciencias de los hombres para engañarlos?
   d) ¿Quién es la persona que está más propensa a ser engañada por el diablo? ¿Por qué?

3) "Señal Acertada #3" El Espíritu Exalta las Sagradas Escrituras
   a) ¿De qué manera Edwards explica que el Espíritu pone en alta estima las Sagradas Escrituras?
   b) ¿Está usted de acuerdo? ¿Sí o No? ¿Por qué?

4) "Señal Acertada #4" El Espíritu Exalta la Doctrina Sana
   a) ¿De qué cosas el verdadero Espíritu convence a la gente?
   b) ¿Cuándo yo veo la verdad y me doy cuenta de la realidad de las cosas, cuál es mi responsabilidad?

5) "Señal Acertada #5" El Espíritu Promueve el Amor hacia Dios y al Hombre
   a) Edwards dice " El Amor hablado hacia nosotros proviene de la propia naturaleza del Espíritu Santo hacia nosotros. Es a través del amor divino morando en nosotros y del Espíritu de Dios morando en nosotros que es la misma cosa."(Es como si el divino amor y el Espíritu de Dios morando en nosotros fueran la misma cosa) ¿Está usted de acuerdo? ¿Sí o No? ¿Por qué?

---

[23] Tomado del libro, Archie Parrish, *The Spirit of Revival Discovering the Wisdom of Jonathan Edwards.* (Wheaton, Ill: Crossway Books, 2000). Usado con permiso. Traducción por Luis Estrada con Minina Pucci de Barrantes.

b) "Hay un falso amor que (a menudo) se manifiesta entre aquellos que son guiados por un espíritu de desilusión." ¿De qué manera Edwards lo explica? ¿Está usted de acuerdo? ¿Sí o No? ¿Por qué?

c) ¿De dónde nace el verdadero amor Cristiano?

d) ¿Cuál es el verdadero y seguro carácter (naturaleza) del amor divino y sobrenatural?; ¿cómo se distingue del falso?

e) ¿De qué manera Edwards explica que el Diablo se viste como ángel de luz?

f) ¿Está usted de acuerdo? ¿Sí o No? ¿Por qué?

CAPÍTULO III:
INFERENCIAS PRÁCTICAS

Pensamiento Clave del Capítulo

Pero, si Dios está complacido en convencer las conciencias de la gente, de manera que ellos no puedan evitar dichas manifestaciones externas, aun interrumpiendo y suspendiendo el culto al que están asistiendo, no creo que esto sea confusión o una infeliz interrupción; es como si un grupo, debiendo reunirse en el campo para orar por lluvia, tenga que suspender su oración por una copiosa lluvia. ¡Quiera Dios que todas las asambleas públicas (en la tierra) fueran interrumpidas de su ejercicio público con una confusión como ésta el próximo día de reposo! No necesitamos lamentarnos de romper el orden de los medios, para alcanzar el objetivo al cual ese orden está dirigido. Aquél que está yendo en busca de un tesoro, no necesita lamentarse de detener su búsqueda por encontrar el tesoro a la mitad de su jornada.

"Amados, no creáis a cualquier espíritu, sino probad a los espíritus si son de Dios; porque muchos falsos profetas han salidos por el mundo" (I Juan 4:1) [1]

1. La obra reciente de avivamientos es principalmente una obra del Espíritu

De lo que ha sido dicho, me aventuraré a extraer esta inferencia, a saber, que la extraordinaria influencia que ha aparecido últimamente causando un interés inusual y un compromiso voluntario en las cosas religiosas, es indudablemente, por lo general, del Espíritu de Dios. No hay sino dos cosas que necesitan ser conocidas a fin de que una obra como ésta sea juzgada, es decir los hechos y las reglas. Las reglas de la palabra de Dios las hemos expuesto, y con relación a los hechos, hay dos maneras en que podemos acercarnos a ellos, para estar en la capacidad de compararlos con las reglas, ya sea por nuestra propia observación o por información de otros que han tenido la oportunidad de observarlos.

En cuanto a esta obra, hay muchas cosas concernientes a ella que son notables, las cuales, a menos que el apóstol Juan esté equivocado en sus reglas, son suficientes para calificarla, en general, como una obra de Dios.

El espíritu que está obrando quita de las mentes de las personas las vanidades del mundo y las compromete a un profundo interés por la felicidad eterna, las coloca en una seria búsqueda de su salvación, y las convence de lo terrible del pecado y de su propia culpabilidad y de su estado miserable, en el que están por naturaleza. Despierta las conciencias de los hombres, y las hace

---

[1] Edwards procede a aplicar los principios de I Juan al avivamiento en su iglesia y en su entorno. Su conclusión es contundente. Dicha obra tiene todas las características de una obra auténtica del Espíritu de Dios. Sección traducida por Mónica Monje[1], revisada por Julia Antonieta Carbajal García y Antonio Bringas.

sensibles a la terrible ira de Dios y causa en ellos un gran deseo y sincero cuidado y esfuerzo en obtener su favor.

Los pone en un más diligente perfeccionamiento de los medios de gracia que Dios ha señalado; acompañado con un mayor aprecio a la palabra de Dios, un deseo de escucharla y leerla y de familiarizarse más con ella de lo que estaban acostumbrados. Y es notoriamente manifiesto que el espíritu que está obrando, en general, opera como un espíritu de verdad, haciendo a las personas más sensibles a la verdad de aquellas cosas que conciernen a su salvación eterna: como de que ellos morirán, y que la vida es muy corta e incierta; que hay un gran Dios que aborrece el pecado, ante Quien ellos tendrán que rendir cuentas y Quien los sujetará en un estado eterno en otro mundo; y que se encuentran en gran necesidad de un Salvador.

Hace a las personas más sensibles al valor de Jesús, quien fue crucificado y su necesidad de Él, y esto los pone en una seria búsqueda e interés en Él. Estas cosas se hacen manifiestas a la gente en general en todo el país, porque no son hechas en una esquina de la calle; la obra no ha sido confinada a unos pocos pueblos en algunos lugares remotos, sino que son llevadas a cabo en muchos lugares en todo el país, en la mayoría de los lugares principales, populosos y públicos. Cristo, a este respecto, ha obrado en medio de nosotros en la misma forma en que obró sus milagros en Judea.

Hasta ahora, ha continuado haciéndolo así por un tiempo considerable; así que hay una gran oportunidad para observar la manera de este obrar. Y todos los que han estado muy familiarizados con los que han sido objeto de ello, ven mucho más claro, por las reglas del apóstol Juan, que cierta y claramente la obra es de Dios.

Y aquí observaría que la naturaleza y tendencia del espíritu que está obrando pueden ser determinadas, con mucha mayor certeza y menos peligro de ser engañados, cuando son observadas en una gran multitud de gente de toda clase y en varios lugares, que cuando solamente son observadas en unos pocos, en algún lugar particular, en personas que se conocen entre sí. Unas pocas personas podrían decidir engañar a otras, fingiendo y declarando cosas de las cuales nunca fueron conscientes.

Pero cuando la obra se esparce sobre grandes partes del país, en lugares distantes entre sí, en gente de toda clase y de toda edad, y en multitudes que poseen una mente sana, buen entendimiento y reconocida integridad, sería lo más absurdo suponer, después de toda la observación que puede ser hecha a todo lo que se escucha y se ve en estas personas durante muchos meses seguidos, y también por el testimonio de gente por largo tiempo relacionadas con ellas, que no pueda determinarse qué clase de influencia tiene la operación bajo la cual están las mentes de la gente. ¿No puede determinarse si tiende a despertar sus conciencias o aletargarlas, si les inclina más a buscar su salvación o a descuidarla, si parece confirmarles en la fe de las Escrituras o guiarles al deísmo[2], si les hace tener más, o menos, aprecio por las grandes verdades religiosas?

Y aquí debe observarse dos grupos de personas: (1) Las que dicen estar convencidas de ciertas verdades divinas, como para estimarlas y amarlas, entendiendo sus propósitos salvíficos, (2) Las que declaran estar más convencidas o confirmadas en esas verdades, más de lo que solían estar, y que encuentran que tienen

---

[2] El deísmo se refiere a una escuela de pensamiento teológico, muy en boga en aquella época. El deísmo contempla la existencia de Dios, sí, pero un Dios alejado de su mundo. Dios, como relojero, ha dado cuerda al reloj (el mundo) y el avance del mundo depende de ciertas leyes Divinas. No contempla la intervención directa de Dios en el mundo que Él ha creado. Es un Dios trascendente, pero no inmanente. Por eso, los conceptos de efusiones grandes, derramamientos del Espíritu Santo, son foráneos al deísmo. El teísmo, al contrario, contempla un Dios activo en el mundo que ha creado, sosteniendo su desarrollo no solamente a través de leyes, sino de Él mismo presente en la preservación del universo. Dios mismo interviene en el desarrollo de la historia, cumpliendo así activamente sus propósitos eternos.

mayor aprecio por ellas, más de lo que tenían antes. Los dos casos anteriores son dos cosas muy diferentes.

Personas sinceras y con sentido común tendrían más derecho a demandar que se dé crédito a la declaración del segundo grupo y no a la del primero. La verdad es que, conforme a la primera declaración, es menos posible que el pueblo en general sea engañado, excepto algunas personas.

Pero sea que las convicciones de las personas y el cambio en sus disposiciones y afectos fuesen de tal grado y consecuencia salvíficos o no, esto está fuera de la presente cuestión.

Si hubiere esos efectos en los juicios, disposiciones y afectos de la gente, como se ha dicho, y sea que fuese en un grado y consecuencia salvíficos o no, es, no obstante, una señal de la influencia del Espíritu de Dios. Las reglas de la Escritura sirven para distinguir las influencias usuales del Espíritu de Dios, y también para diferenciar aquéllas que son salvíficas, de las que provienen por otras causas.

Por la providencia de Dios, he pasado mucho tiempo, durante los meses pasados, con aquéllas que han sido objeto de este obrar del espíritu; y particularmente he estado en posición de ver y observar aquellas extraordinarias cosas con las que muchos se han ofendido[3]; tales como fuertes gritos, chillidos de personas en gran agonía de cuerpo y espíritu, etc. He visto la manera y resultados de

---

[3] Aquí Edwards presenta sus credenciales para escribir sobre el avivamiento. La diferencia entre un evangelista con un ministerio itinerante y el ministerio de un Pastor que conoce bien de cerca a su gente es notable. Whitefield era el evangelista itinerante, Edwards era el Pastor local. Su experiencia en la consejería, la atención pastoral y su longevidad ministerial le califica, de manera particular, para escribir sobre el avivamiento. Aquí tenemos una de las fuertes razones por las cuales hemos escogido a Edwards como portavoz del avivamiento. Es teólogo, es filósofo, es académico, es evangelista, es erudito, pero, sobre todo, es Pastor. En el contexto Latinoamericano, hay muchos "expertos" sobre el avivamiento que no tienen la calificación principal de un ministerio pastoral longevo. La tarea pastoral longeva da ciertas credenciales y autoridad moral para hablar acerca del avivamiento.

tales operaciones, he visto los frutos de ellas, por varios meses seguidos. A muchas de estas personas he conocido íntimamente en los asuntos del alma, antes y después de estos hechos. Por todo lo anterior, me veo llamado, en esta ocasión, a dar mi testimonio. Pues hasta donde la naturaleza y tendencia de un obrar como éste, permitan ser observados por alguien presente en los hechos y ante quien, los que han sido objetos del obrar, se han esforzado en abrir sus corazones, o han podido ser alcanzados por una diligente y particular interrogación, entonces mi testimonio es que este obrar tiene todas las marcas que han sido señaladas. Y éste ha sido el caso en muchos ejemplos, en cada relato; y en muchos otros, todas aquellas marcas han aparecido de una manera muy evidente.

Las personas objetos de estas manifestaciones inusuales han sido de dos clases[4]: las que han estado en gran angustia por una comprensión de su pecado y miseria; y las que han sido sobrecogidas por una dulce sensación de la grandeza, maravilla y excelencia de las cosas divinas. De la multitud de los del primer grupo, que he tenido oportunidad de observar, han sido muy pocos en quienes su angustia no haya surgido aparentemente de una real y apropiada convicción y de no estar muy sensibles a lo que es la verdad. Y aunque no pienso que cuando se tomaron estas manifestaciones como cosa común, estas personas se hayan propuesto reprimir la incontrolable exteriorización de su angustia, que quizás de otro modo lo hubieran hecho; sin embargo, ha habido muy pocos que mostraron fingimiento o pretensión de tales manifestaciones; y muchos para quienes habría sido, sin duda, totalmente imposible evitarlas.

Generalmente, en estas agonías ellos demostraron estar en perfecto ejercicio de su razón, y los que podían hablar, fueron muy

---

[4] Las manifestaciones corporales inusuales se deben principalmente a dos causas: a saber: (a) convicción de pecado y (b) conciencia de la grandeza, sublimidad y excelencia de las cosas divinas.

capaces de dar un informe del estado de su mente y la causa de su
angustia en ese momento, y pudieron también recordar e informar
de ellos posteriormente. He conocido muy pocos casos en los que
algunos, en extrema situación, han sido por un corto tiempo
privados, en alguna medida, del uso de la razón. Pero entre los
muchos cientos, y quizás miles[5], que últimamente han sido llevados
a tales agonías, todavía no he conocido a alguno privado
permanentemente de su razón.

En algunos que he conocido, evidentemente la depresión
estaba presente; y cuando es así, la diferencia es muy notoria; sus
angustias son de otra clase, y se comportan de una forma muy
diferente que cuando la angustia es por simple convicción. No es
sólo la verdad que los angustia, sino muchas ideas vagas y
pensamientos ajenos a la Escritura o a la razón.[6] Algunos, en su
gran angustia, no han sido muy capaces de dar cuenta de sí mismos
o del sentido de las cosas, o de explicar su problema y su causa a
otros. Sin embargo, he tenido buena razón para pensar que sí

---

[5] Hay pocas referencias en la literatura a estadísticas. Aquí Edwards
menciona que varios centenares, y tal vez miles, han sido influenciados por el
avivamiento. Según "Un Relato (Narración) Fiel de Conversiones Sorprendentes",
escrito por Edwards para documentar el avivamiento, hubo 300 conversiones en
un espacio de año y medio. Dicha "Narración" forma parte de esta serie de
artículos sobre el avivamiento. En el sentido cronológico, la narración debería ser
primero, seguido por los comentarios de Edwards al respecto. Si Dios permite,
publicaremos el relato o la narración pronto.

[6] Edwards usa en inglés la palabra "melancholy" (melancolía"). Edwards
hace aquí un comentario pasajero acerca de un problema muy grave en el
avivamiento. Utiliza el término "melancolía" para referirse a un estado de ánimo
depresivo, desalentado, y descorazonado. En el párrafo siguiente describe algunas
características de la persona melancólica. Los entendidos en el avivamiento deben
familiarizarse con las diferencias entre la convicción por el pecado y los
sentimientos de culpabilidad neuróticos y malsanos. Aquí recomendamos la
literatura del Dr. Paul Tournier, psiquiatra cristiano suizo. Su libro en inglés, *Guilt
and Grace*, ("La Culpa y La Gracia"), fue publicado originalmente en francés con
el título *La culpa real y la culpa falsa*. Cualquier ministro que quiere involucrarse
en la cura de almas, especialmente durante una época de avivamiento, debe
familiarizarse con las diferencias entre la melancolía y la convicción auténtica
(Ver P1.)

estuvieron bajo real convicción con manifestaciones de buena procedencia.

Pero esto no sorprende en absoluto a quienes han tenido mucho que ver con personas en dificultades espirituales: algunas cosas de las que éstas son conscientes son totalmente nuevas a ellas; sus ideas y sensaciones internas son nuevas y por lo tanto no saben cómo expresarlas con palabras. Algunos, en una primera interrogación, dijeron que no sabían qué es lo que pasaba con ellos; pero luego de haber sido examinados e interrogados de manera más precisa, fueron capaces de presentar su caso, aunque por ellos mismos, no podían encontrar palabras y maneras de expresarse.

Algunos suponen que el terror que produce tales efectos es sólo temor[7]. Pero, ciertamente debe hacerse una distinción entre un miedo muy grande o extrema angustia que surge de la comprensión de alguna terrible verdad (causa que es totalmente proporcional a tal efecto) y un temor innecesario y sin razón. Este último es de dos clases:

Primero, cuando las personas son aterradas con lo que no es la verdad (de lo cual he visto muy pocos casos, a menos que se trate de depresión).

Segundo, cuando están aterradas ante alguna terrible aparición o ruido, causando en ellas sólo una percepción imprecisa de lo que sucede. Sólo comprenden que algo terrible sucede, pero no saben qué; ni tampoco tienen presente en sus mentes alguna verdad. Un pavor como éste, he visto muy pocas veces manifestarse ya sea entre ancianos o jóvenes.

---

[7] Edwards hace una diferenciación entre "temor" y "susto". El lector debe evaluar cuidadosamente la diferencia que Edwards hace, y luego preguntarse si su ministerio de la predicación utiliza más el temor que el susto. También el lector debe reflexionar sobre la importancia de una predicación que da la debida importancia al tema del temor como motivación legítima. Finalmente, el lector debe analizar cuál es el equilibro entre la motivación del temor y la motivación del amor.

Aquellos que llegan a tal extrema condición, expresan generalmente profunda convicción de sus actuales pecados, de su terrible corrupción, enemistad y perversidad; de su obstinación y dureza de corazón; un sentido de su propia culpabilidad ante Dios; y de lo terrible del castigo por el pecado. Muy a menudo tienen una vívida idea del horrible pozo de eterna desgracia; y al mismo tiempo les parece que el gran Dios, que los tiene a ellos en sus manos, está en extremo enojado, y su ira se muestra estremecedoramente terrible ante ellos. Entienden que Dios ha sido provocado grandemente, y que su gran ira es tal, que se sienten en gran peligro, y que Dios no los soportará por más tiempo, sino que de inmediato, los sacará y enviará abajo, al terrible pozo que tienen a la vista; del cual ven que no tienen escapatoria.

Ellos ven más claramente la vanidad en la que ellos acostumbraban a confiar y con la cual se satisfacían a sí mismos, hasta que son traídos a una total desesperación y al ver que están a merced de la sola voluntad de ese Dios que está tan enojado con ellos. Muchos, en esta situación extrema, son hechos conscientes de manera extraordinaria, de su total merecimiento de esa ira, y de la destrucción que se presenta ante sus ojos. Temen en cada momento que ésta sería ejecutada sobre ellos; y están plenamente convencidos de que todo esto es justo, y que Dios es en verdad absolutamente soberano[8].

---

[8] La soberanía de Dios es para Edwards, un atributo muy dulce y excelente, y motivo de mucho reposo y consolación. El lector debe intentar familiarizarse con la historia del calvinismo, evitando los extremos del híper-calvinismo, por un lado, y el híper-arminianismo (semi-pelagianismo), por el otro. Edwards es muy equilibrado en su acercamiento al tema de la soberanía de Dios. Sus escritos sobre la relación entre la soberanía de Dios y la responsabilidad del hombre son preciosos, aunque difíciles de 'masticar'. El propósito de esta serie de escritos de Edwards no contempla un estudio completo de su teología. Tal vez algún lector de estas líneas se sienta llamado a traducir los pensamientos teológicos y filosóficos de Edwards. Nosotros no hemos limitado nuestro enfoque sobre el tema del avivamiento, aunque de hecho todo el cuerpo de la verdad de Edwards se relaciona al tema del avivamiento.

Muy a menudo, algunos textos de las Escrituras que expresan la soberanía de Dios son afirmados en sus mentes, lo que les traía tranquilidad, y eran llevados a postrarse a los pies de Dios, y después de grandes agonías, poco antes de amanecer eran sosegados y aquietados, en sumisión a un justo y soberano Dios; pero quedaban físicamente extenuados. A veces, parecía que la vida casi se les iba, pero entonces aparecía una luz, y un glorioso Redentor con su maravillosa y toda suficiente gracia se les aparecía a menudo, con alguna dulce invitación de la Escritura. Algunas veces, la luz viene repentinamente, algunas veces más gradualmente, llenando sus almas con amor, admiración, gozo y auto humillación; atraídos sus corazones por el admirable y amante Redentor; y deseando postrarse en el polvo ante él, y que otros puedan contemplarlo, abrazarlo y ser liberados por él.

Se les despiertan anhelos de vivir para su gloria, pero son conscientes de que no podrían hacer nada por sí mismos, se ven viles ante sus propios ojos, y sienten mucha desconfianza de sus propios corazones. Y luego siguen todas las manifestaciones de un real cambio de corazón; obrando la gracia, de tiempo en tiempo, en la misma manera que obraba en aquellos que fueron convertidos anteriormente: con las mismas dificultades, tentaciones, golpes y consuelos; excepto que, en muchos, la luz y el consuelo han sido en mayor grado que lo ordinario. Manifestaciones de este avivamiento fueron experimentadas por muchos niños muy pequeños.

Ha habido algunos casos muy parecidos a aquellos de Marcos 1:26 y 9:26 sobre los cuales leemos que "entonces el espíritu, clamando y sacudiéndole con violencia, salió".

Marcos 1.26 Entonces el espíritu inmundo, causándole convulsiones al hombre, gritó a gran voz y salió de él.
Marcos 9.26 Después de gritar y de sacudirlo con terribles convulsiones, el espíritu salió: y *el muchacho* quedó como muerto, tanto, que la mayoría *de ellos* decían: "¡Está muerto!"

Y probablemente aquellos casos fueron diseñados para mostrar lo sucedido en Marcos. Algunos pasaron por etapas de grandes agonías antes de ser liberados; y otros pasaron por las mismas, y ninguna liberación obtuvieron.

Algunos objetan todo esto por la confusión que hay en una multitud en tales circunstancias, haciendo tremendo ruido; y dicen, Dios no puede ser el autor de esto; porque Él es Dios de orden, no de confusión[9]. Pero consideremos cuál es la comprensión correcta de lo que es confusión: Es quebrantar el orden de cosas en el que están apropiadamente dispuestas y debidamente dirigidas a su objetivo, pero cuando se rompe este orden y los medios para alcanzar dichos objetivos, simplemente no se puede alcanzarlos. Ahora, la convicción que experimentan los pecadores, necesaria para su conversión, es el logro del objetivo de los medios de gracia. No creo que las personas, movidas tan extraordinariamente, deban procurar refrenar tales manifestaciones extremas, que bien pueden y deben refrenar al máximo, en el momento de solemne adoración.

Pero, si Dios está complacido en convencer las conciencias de la gente, de manera que ellos no puedan evitar dichas manifestaciones externas, aun interrumpiendo y suspendiendo el culto al que están asistiendo, no creo que esto sea confusión o una

---

[9] Uno de los motivos por los cuales el avivamiento fue rechazado, fue la presencia de mucha confusión. Los críticos citaron el texto bíblico "Dios no es autor de la confusión, sino de paz" (I Cor. 14:33). Edwards tiene una manera muy interesante de interpretar la fenomenología del avivamiento, para mostrar que efectivamente con mucha frecuencia existe una serie de anomalías fenomenológicas dentro de una obra que es auténtica. Es fascinante contemplar sus argumentos. Básicamente, considera que el obrar de Satanás, la naturaleza pecaminosa del ser humano, y la debilidad humana son suficientes para explicar las anomalías fenomenológicas. Edwards no justifica las anomalías como si fueran de Dios, pero tampoco descarta la autenticidad del avivamiento por la presencia de anomalías. Creo sinceramente que Edwards nos ofrece mucha sabiduría en este punto. Me encanta la conclusión de Edwards cuando escribe: "Ojalá que todas las asambleas en la tierra fueran interrumpidas de sus ejercicios religiosos con una confusión como ésta el próximo día del Señor". El teólogo y filósofo también tenía un buen sentido de humor.

infeliz interrupción; es como si un grupo, debiendo reunirse en el campo para orar por lluvia, tenga que suspender su oración por una copiosa lluvia. ¡Quiera Dios que todas las asambleas públicas (en la tierra) fueran interrumpidas de su ejercicio público con una confusión como ésta el próximo día de reposo! No necesitamos lamentarnos de romper el orden de los medios, para alcanzar el objetivo al cual ese orden está dirigido. Aquel que está yendo en busca de un tesoro, no necesita lamentarse de detener su búsqueda por encontrar el tesoro a la mitad de su jornada.

Aparte de aquellos que son sobrecogidos por una convicción y angustia, he visto muchos últimamente que han perdido sus fuerzas físicas, siendo conscientes de la gloriosa excelencia del Redentor, y lo maravilloso de su amor sacrificial; con un poco común sentido de su propia pequeñez y extrema vileza, con manifiestas expresiones de la más grande humillación y aborrecimiento de sí mismos. No sólo nuevos convertidos, sino muchos que fueron, como espero, anteriormente convertidos, expresaron su amor y gozo derramando abundantes lágrimas, manifestando profundo arrepentimiento y humillación, especialmente por no haber vivido más para la gloria de Dios desde su conversión.

Estos tuvieron una más grande visión de su vileza[10] y de la maldad de sus corazones, como jamás la tuvieron; y también un profundo deseo de vivir mejor en el futuro, confiando menos en sí mismos como nunca antes. Muchos fueron sobrecogidos de compasión por las almas y de anhelos por su salvación. Y muchas otras cosas podrían mencionar, acerca de este extraordinario obrar

---

[10] Edwards documenta los casos de hombres y mujeres que entraron en ciertas experiencias fisiológicas. Relata que, en algunos casos, la causa fueron experiencias de la santidad de Dios. Entraron en una experiencia de gozo, pero un gozo mezclado con una profunda conciencia de su pecaminosidad. Creo que esta clase de gozo es indispensable para que el evangelio corra y tenga un impacto en el contexto latino. Basta con un gozo "superficial" y divorciado de la santidad y del temor de Dios. Basta también con una sobriedad y pesadez que acentúa el temor de Dios, pero sin ningún gozo auténtico. Ambas escuelas están en un error.

del Espíritu explicando cada una de las señales de las que tanto se ha hablado. Así que, si el apóstol Juan sabía cómo mostrar las señales de una obra del verdadero Espíritu, este sería el caso. La providencia me puso en un lugar donde este obrar de Dios había tenido lugar anteriormente. Tuve el gozo de establecerme en ese lugar por dos años con el venerable Stoddard[11]; entonces conocí a muchos que, durante aquel tiempo, experimentaron ese obrar de Dios bajo su ministerio. Conocí muy de cerca también las experiencias de muchos otros que fueron alcanzados bajo su ministerio antes de ese período, de acuerdo con la doctrina ortodoxa.

Y últimamente un obrar de Dios ha tenido lugar allí, con muchas operaciones poco comunes; pero es, evidentemente, el mismo obrar que ha habido allí en diferentes periodos, pero ahora de manera nueva y diferente. Y ciertamente, tendríamos que abandonar el tema de la conversión y de la experiencia cristiana; y no sólo eso, sino que tendríamos que tirar nuestras Biblias y renunciar a la religión revelada, si aquélla no es en general una obra de Dios. No es que yo suponga que el grado de influencia del Espíritu sea determinado por el grado de su efecto sobre el cuerpo de los hombres, o que las experiencias de mayor influencia corporal sean siempre las mejores experiencias.[12]

Y en cuanto a las imprudencias, irregularidades, y una mezcla de engaño que han sido observadas; cuando el avivamiento es nuevo, no es de sorprenderse en absoluto que un despertar después de una larga, continuada y casi universal inercia, tenga al principio

---

[11] Stoddard era el predecesor de Edwards. De hecho, por algunos años los dos trabajaron juntos, Stoddard discipulando a Edwards. Durante el ministerio de Stoddard, hubo cinco "cosechas" o tiempos de refrigerio espiritual.

[12] Noten ustedes que Edwards no sugiere que hay algo especial en las manifestaciones corporales que, de alguna manera, califica al avivamiento como especial.

que ser acompañado de estas cosas.[13] En el principio de la creación, Dios no hizo un mundo completo de una vez; sino que había una gran cantidad de imperfección, oscuridad, y mezcla de caos y confusión; después dijo Dios, "Sea la luz", antes de que todo quede en perfecta forma.

Cuando Dios comenzó su gran obra de liberación de su pueblo, después de su larga y continua esclavitud en Egipto, hubo falsos milagros mezclados con la verdad por un tiempo; lo cual endureció a los incrédulos egipcios, y los hizo dudar de lo divino de toda la obra. Cuando los hijos de Israel fueron por vez primera a traer el arca de Dios, después de que ésta había sido descuidada, y estado por largo tiempo ausente, ellos no buscaron al Señor según la debida ordenanza (1 Co. 15:13).

En el tiempo en que los hijos de Dios vinieron a presentarse ante el Señor, Satanás vino también entre ellos. Y los barcos de Salomón, cuando trajeron oro, plata y perlas, también trajeron monos y pavos reales. Cuando la luz del día recién aparece después de una noche de oscuridad, es de esperar que tengamos oscuridad mezclada con luz por un tiempo, y no tener perfecto el día, ni la salida del sol al momento.

Los frutos de la tierra son primero verdes antes de madurar, y vienen gradualmente a su adecuada maduración; y así nos dice Cristo cómo es el reino de Dios (Marcos 4:26-28):

Marcos 4.26–28 Jesús decía también: "El reino de Dios es como un hombre que echa semilla en la tierra, y se acuesta de noche y se levanta de día, y la semilla brota y crece; cómo, él no lo sabe. "La

---

[13] Edwards considera como una ley espiritual que después de un tiempo extendido de decadencia espiritual, el tiempo de renovación trae consigo ciertas manifestaciones inusuales. El proceso de transición de un estado anormal y subordinado a la norma bíblica, al estado normal y bíblico, involucra una clase de cataclismo con cierto movimiento.

tierra produce fruto por sí misma; primero la hoja, luego la espiga, y después el grano maduro en la espiga.

Las imprudencias y errores que han acompañado esta obra no han de sorprendernos en lo mínimo, si se considera que principalmente personas jóvenes los han cometido; y que ellos tienen menor estabilidad y experiencia, y que estando en el calor de la juventud[14] son mucho más propensos a caer en extremos. Satanás mantendrá a los hombres atados tanto como pueda; pero cuando no pueda hacerlo más, a menudo se esfuerza en llevarlos a extremos, y así deshonrar a Dios y dañar el testimonio de esa forma. Y, sin duda, ésta ha sido ocasión para mucha conducta inapropiada, tanto que en muchos lugares la gente, al ver claramente que sus pastores tienen una pobre opinión de este obrar de Dios, con justa razón no se atreve a dirigirse a ellos como sus guías en este asunto; de tal modo que se encuentra sin guías.

No sorprende, entonces, que cuando un pueblo está como ovejas sin pastor, éstas se extravían del camino. Un pueblo en tales circunstancias está en gran y continua necesidad de guías, y sus guías están en continua necesidad de mucha más sabiduría de la que tienen. Y si una iglesia tiene pastores que favorecen la obra, y se regocijan en ella, aun así, no debe esperarse que el pueblo o los pastores sepan muy bien cómo conducirse en tan extraordinaria situación, mientras ésta sea algo nuevo, y de la cual nunca antes se ha tenido experiencia, ni tiempo para ver su naturaleza, consecuencias y resultado.

La feliz influencia de esta experiencia es muy manifiesta hasta estos días en el pueblo entre el cual Dios ha establecido mi

---

[14] Edwards analiza hasta qué punto se puede utilizar la imprudencia propia de la juventud para explicar las anomalías del avivamiento. Los jóvenes tienden a correr al extremo. Es instructiva la observación de Edwards: El enemigo intenta empujar a los creyentes de un extremo al otro, puesto que un extremismo, de una índole u otro, de todas maneras, sirve a sus propósitos malévolos.

residencia. La obra que ha tenido lugar allí este año ha sido mucho más pura que la que fue operada allí seis años antes; me ha parecido más puramente espiritual; libre de mezclas naturales y corruptas, y de cualquier cosa con sabor a fanatismo desenfrenado y extravagante. Ha sido operada mayormente a través de una profunda humillación ante Dios y los hombres; y ha estado mucho más libre de imprudencias e irregularidades.

Y particularmente, ha habido una notable diferencia en este aspecto, pues muchos, en ocasiones anteriores, sintiendo tanta bendición y gozo, se olvidaban de toda reverencia a Dios y hablaban con demasiada ligereza de las cosas de Dios y de sus propias experiencias; pero ahora, ellos no parecen tener esa actitud, sino que se regocijan con un gozo más solemne, reverente y humilde, tal como Dios guía (Sal. 2:11).

Y no porque el gozo, en esta ocasión no sea grande, pues en muchos casos fue mucho más grande. Muchos, de entre los que fuimos objeto de la obra en esa ocasión anterior, hemos tenido ahora más cercana comunión con el cielo de lo que tuvimos entonces. El regocijo de la gente se manifiesta de otra manera; los humilla, quebranta su corazón, y los lleva al polvo.

Cuando hablan de su gozo, no lo hacen con risas sino con un derramamiento de lágrimas. Así que, aquellos que rieron antes, lloran ahora, y sin embargo, por el testimonio de todos, su gozo es mucho más puro y dulce que el que antes elevaba sus espíritus carnales. Ahora son más como Jacob, cuando Dios se le apareció en Betel, que vio la escalera que llegaba al cielo y dijo "¡Cuán terrible es este lugar!" Y como Moisés, cuando Dios le mostró su gloria en el monte, que apresuradamente se "postró en tierra".

2. Debemos apoyar y promover la obra del Espíritu en este despertar

Por todo esto, seamos amonestados, que, por ningún motivo, nos opongamos o hagamos lo más mínimo para estorbar o impedir este obrar; sino que, por el contrario, hagamos lo mejor que podamos para promoverla. Ahora que Cristo baja del cielo en una notable y maravillosa obra de su Espíritu, conviene que todos sus discípulos profesantes le reconozcan y le honren.

El ejemplo de los Judíos[15], en los tiempos de Cristo y de los apóstoles, es suficiente para producir en aquellos que no reconocen esta obra, el ser cuidadosos de sí mismos y extremadamente prudentes de lo que dicen o hacen. Cristo, en aquel tiempo, estaba en el mundo, y el mundo no le conoció: él vino a su propio pueblo profesante, y los suyos no le recibieron. Esa venida de Cristo, de la cual tanto se habló en las profecías de la Escritura, que ellos tenían en sus manos, había sido largamente esperada; y sin embargo, porque Cristo vino de una manera que ellos no esperaban, y que no concordaba con su entendimiento carnal, ellos no lo reconocieron. Más aún, se opusieron a él, lo tuvieron por loco, y llamaron al espíritu que obraba a través de él, espíritu del diablo. Ellos se sorprendían ante las grandes cosas que él hacía, pero no sabían cómo interpretarlas. Sin embargo, encontraron tantos tropiezos que finalmente no pudieron reconocerle.

Y cuando el Espíritu de Dios fue derramado de manera tan maravillosa en los días de los apóstoles, ellos consideraron el hecho como un evento confuso y desordenado. Estaban asombrados por lo que veían y oían, pero no convencidos. En aquel tiempo la obra

---

[15] Los dos ejemplos de la Encarnación de Cristo y Pentecostés muestran el principio que Edwards quiere establecer: La manera en que Dios obra, muchas veces, no es de acuerdo con lo provisto. El modus operandi (MO) de Dios tanto en la Encarnación como en Pentecostés, fue tan inaudito, tan inesperado, que muchos rechazaron el mensaje Divino. Edwards nos advierte del peligro de limitar a Dios al MO que a nosotros nos parece adecuado. Dios es Dios, y Él puede obrar como Él quiere. Los únicos límites que debemos colocarle son los mismos límites que Dios mismo ha puesto en su MO.

de Dios fue especialmente rechazada por los que más presumían de su propio entendimiento y conocimiento con respecto a Isaías 29:14:

Isaías 29.14 Por tanto, volveré a hacer maravillas con este pueblo, prodigiosas maravillas. Y perecerá la sabiduría de sus sabios, Y se eclipsará el entendimiento de sus entendidos."

Y muchos que tenían reputación de religiosos y piadosos, tuvieron gran desprecio a la obra, porque la veían que contribuía a disminuir su honra y reprochar su formalismo y tibieza. Algunos, por estas razones, maliciosa y abiertamente se opusieron y reprocharon la obra del Espíritu de Dios, y la llamaron la obra del diablo, en contra de su propia convicción interior; y así fueron culpables del pecado imperdonable contra el Espíritu Santo.[16]

Hay otra venida de la cual se habla en la profecía bíblica, tanto como de la primera venida; es la venida espiritual de Cristo para establecer su reino en el mundo, y que ha sido largamente esperada por la Iglesia de Dios. Tenemos razón para pensar, después de todo lo que se ha dicho de esto, que esta venida será, en muchos aspectos, paralela a la otra. Y ciertamente, el estado tan pobre en el que la iglesia visible de Dios se ha sumergido últimamente, es muy paralelo al estado de la iglesia judía cuando Cristo vino; y por lo tanto, no sería de sorprenderse en absoluto que cuando Cristo venga, su obra parezca extraña a la mayoría; sí, sería sorprendente si fuese de otra manera.

Ya sea que la presente obra sea el principio de esa grande y frecuentemente predicha venida de Cristo a establecer su reino, o no, es evidente, por todo lo que ha sido dicho, que es una obra de igual naturaleza y del mismo Espíritu. Y no hay razón para dudar

---

[16] Según Edwards, el pecado de la blasfemia contra el Espíritu Santo es oponerse con malicia y reprender la obra del Espíritu, identificándola como obra del diablo, en contra de la convicción interior.

que aquéllos que insisten en rehusar reconocer a Cristo en la obra, especialmente aquellos que están en posición de maestros en su iglesia, estarán igualmente provocando a Dios, como lo hicieron los judíos de antaño, al rehusar reconocer a Cristo.[17]

Y esto, a pesar de lo que hoy puedan alegar acerca de los grandes tropiezos que hay en el camino, y el pretexto que tengan para dudar de la obra. Los maestros de la iglesia judía encontraron innumerables tropiezos que fueron para ellos insuperables. Muchas cosas se manifestaron en Cristo y en la obra del Espíritu, después de su ascensión, que fueron excesivamente extrañas para ellos, quienes parecían estar seguros de tener un justo pretexto para sus escrúpulos.

Cristo y su obra fueron para los judíos un tropiezo, "pero bienaventurado aquél" dijo Cristo, "que no halle tropiezo en mí". Tan extraña e inesperada fue la forma de la manifestación de Cristo. Y aunque no estuvo mucho tiempo en Judea haciendo milagros ante todos los que tuvieron oportunidad de observar, sin embargo, éstos rehusaron reconocerle y trajeron espantosa culpa sobre sí mismos delante de Dios. Y Cristo les reprochó diciéndoles que, aunque podían discernir el aspecto del cielo y de la tierra, sin embargo, no podían discernir las señales de esos tiempos. "Y por qué", dijo Él, "¿no juzgáis por vosotros mismos lo que es justo?" (Lu. 12, al final).

No es de suponer que el gran Jehová haya inclinado los cielos y haya aparecido ahora por largo tiempo en tan gloriosa manifestación de su poder y gracia, de forma tan extensiva en los lugares más públicos y en casi todo lugar sin que su presencia sea tan evidente que grandes multitudes y aún muchos maestros en su

---

[17] Los que están en una posición de liderazgo son responsables de evaluar la naturaleza de la obra, para determinar si es de Dios o no. Aquí Edwards condena a aquellos líderes que no se identifican con el avivamiento y no respaldan la obra del Espíritu.

iglesia, puedan permanecer indiferentes ante Él, sin nunca recibirle y reconocerle y darle honor y regocijarse en la gracia de su presencia; o sin darle gracias de inmediato por tan gloriosa y bendita obra de su gracia, en la que su bondad se ha manifestado más que si Él nos hubiera conferido todas las bendiciones temporales que el mundo puede dar. Un largo y continuado silencio, en un caso como éste, es indudablemente provocar a Dios, especialmente de parte de los ministros.[18]

Es una oculta clase de oposición, que en realidad contribuye a obstruir la obra. Estos ministros silenciosos obstruyen la obra de Dios, como Cristo dijo "El que no es con nosotros, contra nosotros es". Los que se quedan sorprendidos ante la extraña manifestación de esta obra, sin entenderla y que rehúsan recibirla, que pueden algunas veces estar prestos a hablar de ella con desprecio, como fue el caso de los antiguos judíos, harían bien en considerar y temblar ante las palabras de San Pablo en Hechos 13:40-41:

> **Hechos de los apóstoles 13.40–41** "Tengan, pues, cuidado de que no venga sobre *ustedes* aquello de que se habla en los profetas: 'Miren, burladores, maravíllense y perezcan; porque Yo hago una obra en sus días, una obra que ustedes nunca creerían aunque alguien se la describiera.' "

Aquellos que no pueden creer que la obra sea verdadera, debido a lo extraordinario de su naturaleza y forma, deberían considerar lo que pasó con aquel amo incrédulo de Samaria, quien dijo "Si Jehová hiciese ventanas en el cielo, ¿pudiera suceder esto? Y a quien Elías respondió "He aquí, tú lo verás con tus ojos, más no comerás de ello." Que todos, para quienes esta obra es como nube

---

[18] Muchas veces hay líderes que prefieren adoptar una postura de indiferencia. Edwards critica dicha ambigüedad y sugiere que, en el fondo, tal postura aparentemente neutral puede ser, en efecto, una postura en contra. Vea el comentario siguiente y el contexto de Edwards para entender bien su postura.

y oscuridad, – como la columna de nube y fuego fue para los egipcios – tengan cuidado de que esto no sea su destrucción, mientras que es luz para el Israel de Dios.

Yo suplicaría a aquellos que se tranquilizan a sí mismos, aduciendo que proceden bajo un principio de prudencia[19], y que están esperando ver resultados o qué frutos evidenciarán en sus vidas y conversaciones los que son objeto de esta obra, para considerar si esto justifica su prolongada abstención de reconocer a Cristo, cuando él aparece de manera tan maravillosa y con tanta gracia en esta tierra.

Es probable que muchos de los que están así esperando, no saben lo que esperan. Si esperan ver una obra de Dios, sin dificultades ni tropiezos, serán como el tonto que espera a la ribera del río que toda el agua pase[20]. No puede esperarse una obra de Dios sin tropiezos. "Es necesario que los tropiezos vengan". No ha habido hasta ahora ninguna gran manifestación que Dios haya hecho de Sí mismo al mundo, sin que haya estado acompañada de muchas dificultades.

Es así con las obras de Dios, como con su palabra; al principio parecen estar llenas de cosas extrañas, inconsistentes y difíciles para los corazones carnales e incrédulos de los hombres, Cristo y su obra siempre fue y siempre será una piedra de tropiezo y roca que hace caer, una trampa y una acechanza para muchos. El profeta Oseas (Cap. 14), hablando de un glorioso avivamiento religioso en la iglesia de Dios – cuando Dios sea a Israel como rocío, que

---

[19] La postura de neutralidad por motivo de prudencia puede ser justificado por cierto tiempo, mientras uno investiga la obra y aplica los principios bíblicos al caso, pero una postura prolongada de neutralidad bajo el pretexto de prudencia puede llegar a ser una postura muy imprudente. Dudas acerca de la autenticidad de la obra deben ser investigadas. Dios quiere que identifiquemos bien la naturaleza de la obra del avivamiento.

[20] Muchas veces queremos un avivamiento sin escándalo. Pero Edwards sugiere que un avivamiento sin escándalo es una contradicción. No hay avivamiento sin escándalo.

florezca como lirio, y eche sus raíces como el Líbano, cuyas ramas se extiendan, etc. – concluye todo de la siguiente manera:

> **Oseas 14.9** Quien es sabio, que entienda estas cosas; *Quien* es prudente, que las comprenda. Porque rectos son los caminos del Señor, Y los justos andarán por ellos; Pero los transgresores tropezarán en ellos.

Es probable que los tropiezos que ahora acompañan esta obra sean en algunos aspectos incrementados y no disminuidos. Probablemente nosotros veremos más ejemplos de apostasía y grosera iniquidad entre los maestros; y si un tipo de tropiezos es quitado, es de esperar que otros vengan. Con las obras de Cristo es como fue con sus parábolas, cosas que son difíciles para las oscuras mentes de los hombres están ordenadas a propósito, para probar sus disposiciones y sentido espiritual y para que los de mentes corruptas y de incrédulo, perverso y duro espíritu, "viendo, vean y no entiendan".

Aquellos que ahora están esperando ver el resultado de esta obra, piensan que serán más capaces para definirla; pero probablemente muchos están equivocados. Los judíos que vieron los milagros de Cristo esperaron ver mejores evidencias de su identidad como el Mesías, deseaban una señal del cielo, pero esperaron en vano, sus tropiezos no disminuyeron, sino que se incrementaron. No encontraron fin a ellos y así fueron más y más endurecidos en incredulidad.   Muchos han estado orando por esta gloriosa obra, de la que se habla en la Escritura, pero no sabían por qué oraban, (como fue con los judíos cuando oraban por la venida de Cristo) y cuando se manifestó la obra no la reconocieron, ni le recibieron.

Esta pretendida prudencia, en las personas que mucho esperan antes de reconocer esta obra, probablemente al final probará ser la más grande imprudencia.[21] De esta manera, ellas dejarán de participar de tan grande bendición y perderán la más preciosa oportunidad de obtener divina luz, gracia y consuelos celestiales y beneficios eternos, que Dios jamás haya dado en Nueva Inglaterra.

Mientras la gloriosa fuente está abierta en forma tan maravillosa y multitudes vienen a ella y reciben un rico suministro para las necesidades de sus almas, "los prudentes" permanecen a distancia, dudando y recibiendo nada, y parece que continuarán de esta manera hasta que este momento precioso haya pasado. Es realmente sorprendente que aquellos que han dudado de la obra, que ha sido acompañada con tan inusuales manifestaciones externas, estén tan cómodos con sus dudas, sin molestarse en informarse yendo donde estas cosas han sucedido para observar muy de cerca y diligentemente inquirir sobre ellas, y para no contentarse con observar sólo dos o tres casos, y no descansar hasta que fueran totalmente informados mediante su propia observación. No dudo que si esta hubiera sido la conducta tomada, habría convencido a aquellos cuyas mentes no están cerradas para creer.

¡Cuán grandemente errados están los que, sólo a partir de la incierta desaprobación de otros, se han aventurado a hablar ligeramente de estas cosas! La advertencia de un judío incrédulo puede enseñarles más prudencia:

Hechos de los apóstoles 5.38–39 "Por tanto, en este caso les digo que no tengan nada que ver con estos hombres y déjenlos en paz, porque si este plan o acción es de los hombres, perecerá; pero si es de Dios, no podrán destruirlos; no sea que se hallen luchando contra Dios."

---

[21] Una prudencia imprudente. La indefinición y la indecisión puede ser entendido por el temor de errar. Pero Dios nos llama a ejercer discernimiento espiritual y creer que EL nos guiará. Hay una clase de "prudencia" que descuida la responsabilidad de "examinar lo todo" y luego "definirse".

Sea que lo que se ha dicho en este discurso es suficiente para que convenza de que ésta es la obra de Dios, o que no; sin embargo, yo espero que en el futuro ellos, por lo menos, atiendan a la advertencia de Gamaliel arriba mencionada, para no oponerse a ella o decir algo que tenga aún una indirecta tendencia a desacreditarla; no sea que aquéllos tengan que ser hallados adversarios del Espíritu Santo.

No hay pecados tan funestos y peligrosos para las almas de los hombres, como aquellos cometidos contra el Espíritu Santo.[22] Mejor nos sería hablar contra Dios el Padre, o el Hijo, que hablar contra el Espíritu Santo en sus operaciones de gracia en los corazones de los hombres. Nada contribuye más, como este pecado, a evitar para siempre que tengamos algún beneficio de las operaciones del Espíritu en nuestras propias almas.

Si hay alguien que aún, resueltamente continúa hablando con desprecio de estas cosas, yo le ruego que tenga cuidado de no ser culpable del pecado imperdonable. Cuando el Espíritu Santo es derramado, y las codicias de los hombres, su tibieza e hipocresía son reprochadas por Sus poderosas operaciones, entonces es el tiempo en que con mayor probabilidad este pecado sea cometido. Si la obra continúa, está bien que entre los muchos que muestran enemistad contra ella, algunos no sean culpables de este pecado, si alguno no lo es ya.

A aquellos que maliciosamente se oponen y reprochan esta obra, y la llaman obra del diablo, les falta sólo una cosa para el pecado imperdonable: hacerlo contra su propia convicción interior. Y aunque algunos son tan prudentes como para oponerse abiertamente y reprochar esta obra, sin embargo, es de temer, hoy que el Señor va tan gloriosamente contra sus enemigos, que muchos que están silenciosos e inactivos, especialmente los ministros,

---

[22] El tiempo de avivamiento es un tiempo cuando algunos caen en el pecado de apagar al Espíritu Santo.

traigan sobre sí mismos aquella maldición del ángel del Señor
(Jueces 5:23):

Jueces 5.23 'Maldigan a Meroz,' dijo el ángel del Señor, 'maldigan,
maldigan a sus moradores; Porque no vinieron en ayuda del Señor,
En ayuda del Señor contra los guerreros.'

Considerando que el gran Dios ha bajado del cielo y se ha
manifestado en forma tan maravillosa en esta tierra, es inútil para
cualquiera de nosotros esperar otra cosa, sino que seamos
grandemente afectados por ello en nuestro estado y situación
espirituales, en cuanto al favor de Dios, de una u otra forma.
Aquellos que no se vuelven más felices por medio de la obra, se
harán mucho más culpables y miserables. Siempre es así; una
temporada que resulta en un año aceptable, y un tiempo de gran
favor para los que la aceptan y la mejoran, resulta en un día de
venganza para otros (Is. 61:2).

Isaías 61.2 Para proclamar el año favorable del Señor, Y el día de
venganza de nuestro Dios; Para consolar a todos los que lloran.

Cuando Dios envía su palabra, no regresa a él vacía, mucho menos
su Espíritu. Cuando Cristo estuvo sobre la tierra, en Judea, muchos
le menospreciaron y rechazaron; pero finalmente ellos no
permanecieron indiferentes a su presencia. Dios hizo que todo ese
pueblo sintiera que Cristo había estado en medio de ellos; aquellos
que no lo sintieron para su consuelo, lo sintieron para su gran pesar.
Cuando Dios envió al profeta Ezequiel a los hijos de Israel, Dios
declaró que, sea que ellos escucharan o no, ellos sabrían que había
habido un profeta en medio de ellos; cuánto más podemos suponer
que, al haberse manifestado Dios tan maravillosamente en esta
tierra, hará saber a todos que el gran Jehová ha estado en Nueva
Inglaterra.

3. Debemos ser cuidadosos, examinarlo todo, y evitar errores

Finalmente me dirijo a aquellos que son amigos de esta obra, que han sido participantes de ella, y son celosos en promoverla.[23] Permítanme exhortarles seriamente a tener un diligente cuidado de sí mismos para evitar errores, conducta inapropiada y todo lo que pueda denigrar y oscurecer la obra, para no dar ocasión a aquellos que están listos a reprocharla. El apóstol fue cuidadoso en no dar ocasión a aquellos que deseaban ocasión para ello.

El mismo apóstol exhorta a Tito a mantener estricto cuidado y vigilancia de sí mismo, de manera que tanto su predicación como su comportamiento sean de tal forma:

> **Tito 2.7–8** Muéstrate en todo como ejemplo de buenas obras, *con* pureza de doctrina, *con* dignidad, *con* palabra sana *e* irreprochable, a fin de que el adversario se avergüence al no tener nada malo que decir de nosotros.

Necesitamos ser astutos como serpientes y mansos como palomas. No es de poca importancia que en estos días nos comportemos con candor y prudencia. Es de esperar que, especialmente el gran enemigo de esta obra haga cuando pueda en contra de nosotros; y triunfará si puede prevalecer sobre cualquier cosa para cegarnos o desviarnos. Él sabe que con esto hará más para el fomento de sus propósitos e intereses, que si prevaleciera contra cientos de otra

---

[23] Noten ustedes como Edwards cambia su enfoque aquí. Hasta ahora, contempla a los <u>adversarios</u> del avivamiento, y les da consejos y sugerencias para un acercamiento más bíblico a la fenomenología del avivamiento. Ahora, Edwards contempla a los que son los <u>protagonistas</u> del avivamiento. Edwards se preocupa porque su experiencia muestra que muchas veces son los protagonistas, más que los adversarios, los que hacen más daño al avance de la obra, debido a sus imprudencias.

gente. Necesitamos vigilar y orar, porque no somos sino niños pequeños; y este león rugiente es muy fuerte para nosotros, y esta serpiente antigua es bastante astuta para nosotros.

Humildad, modestia y una total dependencia de nuestro Señor Jesucristo, serán nuestra mejor defensa. Mantengámonos, por lo tanto, en estricta vigilancia contra el orgullo espiritual o ser exaltados con las extraordinarias experiencias y consuelos y los altos favores del cielo que cualquiera de nosotros pueda haber recibido.

Necesitamos, después de esos favores, en manera especial, mantener una estricta y celosa mirada sobre nuestros propios corazones[24], no sea que allí se levanten reflexiones de auto exaltación sobre lo que hemos recibido, y sobreestimación de nosotros mismos, como si fuéramos ahora, algunos de los más eminentes santos y favoritos especiales del cielo, y que poseemos de manera especial una revelación del Señor.

No presumamos de que, por encima de todos, estamos calificados para ser promovidos como los más grandes instructores y críticos de esta perversa generación; y, en una elevada presunción de nuestra propia sabiduría y discernimiento, asumamos aires de profetas o de extraordinarios embajadores del cielo. Cuando Dios haga grandes revelaciones a nuestras almas, no debemos brillar ante nuestros propios ojos.

Moisés, cuando estuvo conversando con Dios en el monte, aunque su rostro brillaba hasta deslumbrar los ojos de Aarón y del pueblo; sin embargo, él no brilló en su propia opinión; "él no ansiaba que su rostro brillara". Que ninguno piense de sí mismo que está fuera de peligro de este orgullo espiritual, aún en sus mejores condiciones. Dios vio que el apóstol Pablo (aunque probablemente

---

[24] Edwards contempla el gran peligro del orgullo espiritual. La sutileza de la carne y del diablo es tan aguda que muchas veces son los amigos del avivamiento que impiden el avance de la obra. Caen en un orgullo espiritual. Se consideran como profetas o embajadores del cielo.

el más eminente santo que jamás haya vivido) no estaba fuera de este peligro; especialmente cuando acababa de conversar con Dios en el tercer cielo: vea 2 Co. 12:7.

> **2 Corintios 12.7** Y dada la extraordinaria grandeza de las revelaciones, por esta razón, para impedir que me enalteciera, me fue dada una espina en la carne, un mensajero de Satanás que me abofetee, para que no me enaltezca.

El orgullo es la peor víbora en el corazón; es el primer pecado que entró en el universo; se asienta en lo más bajo del fundamento de todo el edificio del pecado, y es el más secreto, engañoso e inescrutable en sus maneras de operar de todos los deseos. Está listo a mezclarse con todo; y nada es tan aborrecible para Dios, es contrario al espíritu del evangelio, y tiene tan peligrosa consecuencia; y no hay ningún pecado que deje entrar tanto al diablo en los corazones de los santos, y los exponga a sus engaños. Lo he visto en muchos casos, y en santos eminentes.

El diablo ha entrado por esta puerta, poco después de alguna notable experiencia y extraordinaria comunión con Dios, y ha engañado desastrosamente sus mentes y las ha descarriado, hasta que Dios misericordiosamente ha abierto sus ojos y los ha liberado, y luego ellos mismos fueron conscientes del hecho que fue el orgullo el que los traicionó.

Algunos de los verdaderos amigos de la obra del Espíritu de Dios han errado en dar demasiada atención a impulsos y fuertes impresiones mentales, como si fueran inmediatas comunicaciones del cielo a ellos, de algo que está por suceder, o algo que era el pensamiento y voluntad de Dios que ellos hagan, lo cual no estaba manifestado o revelado en ninguna parte en la Biblia.[25] Estas impresiones, si es que son verdaderamente del Espíritu de Dios, son

---

[25] El peligro de los impulsos y de ser llevado por corrientes de impresiones está muy vinculado al pecado del orgullo espiritual.

de una naturaleza bastante diferente a sus influencias de gracia en los corazones de los santos: ellas son de la naturaleza de los dones extraordinarios del Espíritu, y son propiamente inspiradas, como las que los profetas, apóstoles y otros tuvieron en la antigüedad; las cuales el apóstol distingue de la gracia del Espíritu (1 Cor 13).

Una razón por la que algunos han estado dispuestos a dar importancia a tales impulsos, es el concepto que tenían de que la gloria de los cercanos días de felicidad de la iglesia consiste, en parte, en restaurar aquellos extraordinarios dones del Espíritu.[26] Este concepto, creo, surge en parte, por no considerar y comparar debidamente la naturaleza y el valor de aquellas dos clases de influencias del Espíritu, a saber, aquéllas que son usuales y de gracia, y aquéllas que son extraordinarias y milagrosas.

Las primeras son, con mucho, las más excelentes y gloriosas, como el apóstol lo expone extensamente en 1 Cor. 12:31, etc. Hablando de los extraordinarios dones del Espíritu, él dice, "Pero, procurad los dones mejores; y aún yo os muestro un camino más excelente;" es decir, un camino más excelente para la influencia del Espíritu. Y luego, continúa en el siguiente capítulo, mostrando lo que es ese excelente camino: la gracia de ese Espíritu, que en resumen consiste en la caridad o el amor divino. Y, a lo largo de todo el capítulo, demuestra la gran preferencia de esa superior inspiración. Dios comunica su propia naturaleza al alma en la gracia

---

[26] Aquí, con todo el respeto merecido, no estoy de acuerdo con las conclusiones de Edwards. Edwards aquí se manifiesta como "Cesacionista" es decir, adopta una postura en la cual los dones espirituales son vigentes solamente para la dispensación de la iglesia primitiva, pero que cesaron (de allí viene el término "Cesacionista") con el cierre del canon. Aunque comparto mucho el sentir de Edwards de que las gracias del Espíritu son más importantes que los dones del Espíritu, creo que no hay una base bíblica para crear una polémica entre los dones del Espíritu y las gracias del Espíritu. Su exposición de 1 Cor. 13 es débil y no da debida importancia a otros textos del Nuevo Testamento que afirman la vigencia de los dones del Espíritu hasta la venida de Cristo. Aunque no estoy de acuerdo con Edwards, respeto su postura. Quizá con el afán de cuidar la obra del Señor de un extremo, cayó en el otro.

salvadora más que en todos los dones milagrosos. La bendita imagen de Dios consiste en lo primero y no en esto último. La excelencia, felicidad y gloria del alma consiste directamente en lo primero. Ello es una raíz que produce infinitamente más excelente fruto. La salvación y el eterno gozo de Dios están prometidos mediante gracia divina, no mediante la inspiración. Un hombre puede tener aquellos dones extraordinarios, y aún ser abominable a Dios, e ir al infierno.

La vida espiritual y eterna del alma consiste en la gracia del Espíritu que Dios concede sólo a sus favoritos y amados hijos. Algunas veces Él ha echado fuera a los otros como si fueran perros y cerdos, como lo hizo con Balaam, Saúl y Judas; y algunos que en los tiempos primitivos de la iglesia cristiana cometieron el pecado imperdonable (Heb. 6). Muchos hombres perversos en el día del juicio alegarán, "¿No profetizamos en tu nombre, y en tu nombre echamos fuera demonios, y en tu nombre hicimos muchas obras maravillosas?"

El más grande de los privilegios de los profetas y apóstoles no era el estar inspirados y obrar milagros, sino su eminente santidad. La gracia que estaba en sus corazones era mil veces más su dignidad y honor, que sus dones milagrosos. Las cosas en las cuales encontramos a David gozándose no son el de ser rey o profeta, sino en las santas influencias del Espíritu de Dios en su corazón comunicándoles luz divina, amor y gozo.

El apóstol Pablo abundaba en visiones, revelaciones y dones milagrosos más que todos los apóstoles, sin embargo, él estimó todas las cosas como pérdida por la excelencia del conocimiento espiritual de Cristo. No fueron los dones, sino la gracia de los apóstoles, la apropiada evidencia de que sus nombres están escritos en el cielo, a lo cual Cristo los guía a regocijarse mucho más que, en que los demonios se les sujeten.

Tener la gracia en el corazón es un privilegio más alto que tuvo la misma bienaventurada virgen, al concebir en su vientre el cuerpo de la Segunda Persona de la Trinidad por el poder del Altísimo cubriéndola: Lucas 11:27-28:

> **Lucas 11.27–28** Mientras Jesús decía estas cosas, una de las mujeres en la multitud alzó la voz y dijo: "¡Dichosa la matriz que Te concibió y los senos que Te criaron!" "Al contrario," le contestó Jesús, "dichosos los que oyen la palabra de Dios y *la* guardan."

Ver también Mat 12:47, etc. La influencia del Espíritu Santo, o la divina caridad en el corazón es el más grande privilegio y gloria del más alto arcángel en el cielo; sí, es justamente aquello por lo cual la criatura tiene amistad con el mismo Dios, con el Padre y el Hijo en su hermosura y felicidad. Por medio de esto, los santos han sido hechos participantes de la divina naturaleza, y se han llenado del gozo de Cristo.

Las usuales influencias santificadoras del Espíritu Santo de Dios son el objetivo de todos los dones extraordinarios, tal como el apóstol lo expone en Ef. 4:11-13.

> **Efesios 4.11–13** Y El dio a algunos *el ser* apóstoles, a otros profetas, a otros evangelistas, a otros pastores y maestros, a fin de capacitar a los santos para la obra del ministerio, para la edificación del cuerpo de Cristo; hasta que todos lleguemos a la unidad de la fe y del pleno conocimiento del Hijo de Dios, a la condición de un hombre maduro, a la medida de la estatura de la plenitud de Cristo.

Ellos, de nada sirven más de estar subordinados a este propósito; están tan lejos de ser provechosos sin él, lo que agrava su miseria. Este es, como el apóstol observa, el camino más excelente para que Dios comunique su Espíritu a su iglesia; es la gloria más grande de la iglesia en todas las edades.

Esta gloria es la que hace a la iglesia en la tierra, más parecida a la iglesia en el cielo, donde la profecía y las lenguas y otros dones milagrosos cesarán. Y Dios comunica su Espíritu, sólo en ese camino más excelente, sobre el cual el apóstol dice que es la caridad o amor divino que "nunca deja de ser". Por lo tanto, la gloria del venidero estado feliz de la iglesia, no requiere en absoluto de estos dones extraordinarios.[27] Así como, este estado de la iglesia será lo más cercano a su perfecto estado en el cielo, así, creo también que se parecerá en esto: en que todos los dones extraordinarios cesarán y se acabarán; y todas aquellas estrellas y la luna, con la luz que reflejan en la noche, o en el tiempo de oscuridad, serán absorbidos por el sol del divino amor.

El apóstol habla de estos dones de inspiración como cosas de niños en comparación con la influencia del Espíritu en amor divino; son cosas dadas a la iglesia sólo para sostenerla en su minoría; hasta que la iglesia tenga una completa y duradera regla establecida, y todos los medios ordinarios de gracia sean establecidos; pero como cosas que cesarán a medida que la iglesia avanza a un estado de adultez (1 Cor. 13:11), "Cuando yo era niño, hablaba como niño, pensaba como niño, juzgaba como niño; más cuando yo fui hombre, dejé lo que era de niño". Comparar con Ef. 4:11-13.

Cuando el apóstol, en este capítulo, habla de profecías, lenguas y revelaciones que cesan y se acaban en la iglesia cuando la iglesia cristiana avance de un estado de minoría a un estado de adultez, parece referirse a alcanzar su estado adulto en este mundo tanto como en el cielo; porque él habla de un estado de adultez, en donde aquellas tres cosas, la Fe, Esperanza y Amor, permanecen después

---

[27] Sinceramente no entendemos como Edwards pudo afirmar que la iglesia de Cristo no requiere de los dones extraordinarios. ¿Acaso la tarea es más fácil ahora? ¿Acaso la oposición a la obra de Dios es menos recia? ¿Acaso la naturaleza del ser humano es menos pecaminosa? ¿Acaso el diablo ha dejado de oponerse al avance del reino de Dios? ¿Acaso el creyente no necesita del poder sobrenatural y de la capacitación sobrenatural para hacer la tarea sobrenatural? ¿Acaso las instrucciones bíblicas acerca de los dones espirituales han pasado de moda? Me parece que Edwards no es consecuente con sus propios argumentos.

que los milagros y las revelaciones hayan cesado: "ahora permanecen la Fe, la Esperanza y El amor, estos tres." La manera de hablar del apóstol aquí muestra una evidente referencia a lo que acababa de decir antes: y aquí hay una evidente antítesis entre 'permanecen', y ese 'cesar' y 'acabar', del que se habla en el verso 8.

1 Corintios 13.8 El amor nunca deja de ser. Pero si *hay dones de* profecía, se acabarán; si *hay* lenguas, cesarán; si *hay* conocimiento, se acabará.

El apóstol ha estado demostrando como todos aquellos dones de inspiración, que fueron las principales guías de la iglesia cristiana en su infancia, tengan que cesar, cuando la iglesia alcance un estado de adultez. Luego, él vuelve a observar cuáles cosas permanecen después de las que han cesado y acabado; y observa que estas tres cosas permanecen en la iglesia, Fe, Esperanza y Amor; y por lo tanto, el estado adulto de la iglesia, del cual habla, es el más perfecto al que llegará en la tierra, especialmente en las últimas edades del mundo. Y esto fue mejor observado en la iglesia de Corinto en dos aspectos: el apóstol antes había observado que esa iglesia estaba en un estado de infancia (1 Co. 3:1-2), y que esa iglesia parecía, más que las demás, haber abundado en dones milagrosos.

1 Corintios 3.1–2 Así que yo, hermanos, no pude hablarles como a espirituales, sino como a carnales, como a niños en Cristo. Les di a beber leche, no alimento sólido, porque todavía no podían *recibirlo*. En verdad, ni aun ahora pueden.

Cuando el esperado estado glorioso de la iglesia venga, el aumento de luz será tan grande que corresponderá en algún aspecto a lo dicho en el ver. 12, de "ver cara a cara." Ver Is. 24:23, y 25:7.

1 Corintios 13.12 Porque ahora vemos por un espejo, veladamente, pero entonces *veremos* cara a cara. Ahora conozco en parte, pero entonces conoceré plenamente, como he sido conocido.

Isaías 24.23 Entonces la luna se abochornará y el sol se avergonzará Porque el Señor de los ejércitos reinará en el Monte Sion y en Jerusalén, Y delante de Sus ancianos *estará Su* gloria.

Isaías 25.7 Y destruirá en este monte la cobertura que cubre todos los pueblos, El velo que está extendido sobre todas las naciones.

Por lo tanto, no espero una restauración de estos dones milagrosos en los gloriosos tiempos de la iglesia que se aproximan, ni lo deseo[28]. Me parece que no añadiría nada a la gloria de aquellos tiempos, sino más bien la disminuiría. En cuanto a mí, he disfrutado más en un cuarto de hora las dulces influencias del Espíritu, mostrándome la espiritual y divina belleza de Cristo, su infinita gracia y su amor hasta la muerte, que lleva a los santos a los ejercicios de fe, divino amor, dulce complacencia, y humilde gozo en Dios; que teniendo visiones proféticas y revelaciones todo el año.

Me parece mucho más probable que Dios diera a sus santos inmediata revelación en los tiempos oscuros de la profecía, que ahora, al acercarnos al más glorioso y perfecto estado de su iglesia en la tierra. No me parece que haya ninguna necesidad de aquellos extraordinarios dones, para introducir ese feliz estado y establecer el reino de Dios en todo el mundo; he visto tanto del poder de Dios en una forma tan excelente que estoy convencido que Dios puede fácilmente hacerlo sin esos dones.

Por lo tanto, yo rogaría al pueblo de Dios, que sea muy cuidadoso en cómo presta atención a estas cosas. Las he visto fallar en muchos casos, y sé por experiencia que las impresiones (imágenes mentales) hechas con gran poder sobre mentes de

---

[28] Sinceramente creemos que el verdadero avivamiento contempla el uso de los dones del Espíritu.

verdaderos santos eminentes – aún en medio de extraordinarios ejercicios de la gracia y dulce comunión con Dios y acompañados con textos de la Escritura, fuertemente impresos en la mente – no son señales seguras de ser revelaciones del cielo.

He visto que tales impresiones han fallado, en algunos casos, aún acompañadas de todas estas circunstancias. Los que se apartan de la palabra profética más segura – que Dios nos ha dado, como lámpara que alumbra en lugar oscuro – para seguir estas impresiones e impulsos, salen de la guía de la estrella polar, para seguir un "fuego fatuo" (Jack with a Lantern).[29] No es de sorprenderse, por lo tanto, que algunas veces ellos sean guiados a terribles extravagancias.

Además, al ver que la inspiración no viene, no despreciemos el saber o instrucción humanos. Los que afirman que esto es de poco o ningún uso en la obra del ministerio, no consideran bien lo que dicen; si así hicieran no lo dirían. Por "saber o instrucción humanos", quiero decir, y supongo que los demás también, el mejoramiento del conocimiento común a través de medios humanos y externos. Y por lo tanto, decir que el conocimiento humano es inútil, es como decir que la educación de un niño, o que el conocimiento común de un hombre adulto, que es mayor que el de un niño pequeño, es inútil. De este modo, un niño de 4 años de edad es tan apto, para ser un profesor en la iglesia de Dios, con el mismo grado de gracia – y capacidad de hacer tanto para el avance del reino

---

[29] Aquí estamos de acuerdo con Edwards. La Palabra de Dios es nuestra luz, y cuando la iglesia empieza a seguir las impresiones e impulsos humanos, es culpable de abandonar su "norte" para seguir un "Jack with a lantern", una expresión idiomática en inglés cuyo equivalente puede ser "fuego fatuo". Compartimos la preocupación de Edwards. Hay evidencia de que algunas "escuelas evangélicas" ponen tanto énfasis en el papel del "profeta" y de la "voz profética" que empieza a trastocar la centralidad de la Palabra de Dios "piedra angular" y "piedra de toque" absoluto de nuestra fe. Sin embargo, creo que Edwards se equivoca en asociar los dones sobrenaturales con cualquier impulso o impresión. Por supuesto el uso de los dones espirituales nos obliga a examinarlo todo, y retener lo bueno.

de Cristo, por su instrucción – como un hombre de 30 años de edad muy instruido.

Si las personas adultas tienen mayor habilidad y ventaja para desempeñar un ministerio, porque tienen más conocimientos que un niño pequeño, entonces, sin duda, teniendo más conocimiento humano y el mismo grado de gracia, ellos tendrán aún mayor habilidad y ventaja para realizar un ministerio. Un aumento de conocimiento, sin duda, aumenta la ventaja de un hombre, ya sea para hacer el bien o para dañar, de acuerdo con su inclinación. Es demasiado evidente para ser negado, que Dios hizo gran uso del conocimiento humano en el Apóstol Pablo, como también lo hizo en Moisés y Salomón.

Y, si el conocimiento obtenido por medios humanos no debe despreciarse, entonces se concluye que los medios para obtenerlo no deben ser descuidados; por ejemplo, el estudio y el método.[30] El estudio es de gran uso a fin de prepararse para instruir públicamente a otros. Y, aunque tener el corazón lleno de las poderosas influencias del Espíritu de Dios, pueda en algún momento capacitar a las personas para hablar con fruto y ciertamente con mucha excelencia, a pesar de ser personas sin estudio, sin embargo, esto no nos autoriza a echarnos inútilmente del pináculo del templo,

---

[30]   El estudio de la Palabra de ninguna manera debe anular nuestra dependencia del Espíritu, ni debemos crear una polémica entre los dones del Espíritu y el estudio de la Palabra. Jesús dijo "Erráis, ignorando las Escrituras y el poder de Dios" (Mateo 22:29). La tendencia nuestra es polarizar las Escrituras y el poder de Dios. Algunos son muy celosos de cumplir su papel como guardianes de la ortodoxia y ven su misión como "contender ardientemente por la fe que ha sido una vez dada a los santos" (Judas 3) pero, en una manera misteriosa, tienden a obviar el aspecto del poder de Dios que forma parte integral de dicha fe dada a los santos. Otros son muy celosos en recuperar el poder perdido y redescubrir todos los dones y manifestaciones del Espíritu, pero paulatinamente y a veces sutilmente va alejándose de aquella Escritura Apostólica que es el "sine qua non" de nuestra fe. Dichosos los que han aprendido a mantener unidos lo que Dios para siempre ha unido: Las Escrituras y el poder de Dios. Que reflexionemos seriamente sobre las Palabras que repetimos en las bodas "A los que Dios ha unido, ningún hombre lo separe".

dependiendo de que el ángel del Señor nos sostendrá, y nos librará de tropezar nuestro pie con piedra, cuando hay otro camino para bajar, aunque éste no sea tan rápido. Oro para que el método, que contribuye grandemente en los discursos públicos a ayudar tanto al entendimiento como a la memoria, no sea totalmente descuidado.

Otra cosa que rogaría a los amados hijos de Dios es considerar más ampliamente, hasta dónde y sobre qué bases justifican verdaderamente las Santas Escrituras sus excesivas críticas a otros cristianos profesantes, como hipócritas e ignorantes de la verdadera religión[31]. Todos sabemos que hay juicios y críticas, de una clase u otra, que la Escritura muy a menudo y muy estrictamente prohíbe.

Deseo que aquellas reglas de la Escritura puedan ser examinadas y consideradas en toda su magnitud; y ver si el pretender discernir la condición espiritual de otros, y sentenciarlos como hombres malvados, aunque sean cristianos profesantes y de buen testimonio, no está realmente prohibido por Cristo en el Nuevo Testamento. Si lo está, entonces, sin duda, los discípulos de Cristo deben evitar esta práctica, a pesar de lo capaces que se consideren para ello; y a pesar de que puedan pensar que sea necesaria y bien intencionada. Es claro que, cualquier clase de juicio, lo que Dios reclama como su prerrogativa, está prohibido.

Sabemos que un cierto juicio sobre los corazones de los hijos de los hombres es mencionado a menudo como la gran prerrogativa de Dios, el cual pertenece sólo a Él, como en 1 Reyes 8:39: "tú oirás en los cielos, en el lugar de tu morada, y perdonarás, y actuarás y darás a cada uno, conforme a sus caminos, cuyo corazón tú conoces (porque sólo tú conoces el corazón de todos los hijos de los hombres)". Y si examinamos, encontraremos que el juzgar los

---

[31] Probablemente Edwards contempla las críticas de Whitefield y otros colegas que fueron demasiados severos con el clero norteamericano. Edwards no comparte el espíritu de juicio que algunos de sus colegas manifestaron, cuestionando abiertamente y públicamente desde el púlpito la regeneración de algunos de los ministros de las iglesias.

corazones, de lo cual se habla como la prerrogativa de Dios, se refiere no sólo a los anhelos y disposiciones del corazón de los hombres, en determinada conducta; sino principalmente al estado de sus corazones como maestros de la religión y en relación con esa profesión.

Esto se evidencia al observar las siguientes Escrituras: 1 Cron 28:9, Sal 7:9-11; Salmo 26, en totalidad, Prov. 16:2, y 17:3, y 21:2; Juan 2:23-25; Ap. 2:22-23.

> **1º Crónicas 28.9** "En cuanto a ti, Salomón, hijo mío, reconoce al Dios de tu padre, y sírvele de todo corazón y con ánimo dispuesto; porque el Señor escudriña todos los corazones, y entiende todo intento de los pensamientos. Si Lo buscas, Él te dejará que Lo encuentres; pero si Lo abandonas, Él te rechazará para siempre.
>
> **Salmo 7.9–11** Que se acabe la maldad de los impíos, pero establece Tú al justo, Porque el Dios justo prueba los corazones y las mentes. Mi escudo está en Dios, Que salva a los rectos de corazón. Dios es juez justo, Y un Dios que se indigna cada día *contra el impío.*
>
> **Juan 2.23–25** Cuando Jesús estaba en Jerusalén durante la fiesta de la Pascua, muchos creyeron en Su nombre al ver las señales que hacía. Pero Jesús, en cambio, no se confiaba en ellos, porque los conocía a todos, y no tenía necesidad de que nadie Le diera testimonio del hombre, porque Él conocía lo que había en el *interior del* hombre.

Esta clase de juicio, que es un asunto propio de Dios, está prohibida:

> **Romanos 14.4** ¿Quién eres tú para juzgar al criado (siervo) de otro? Para su propio amo (señor) está en pie o cae. En pie se mantendrá, porque poderoso es el Señor para sostenerlo en pie.
>
> **Santiago 4.12** *Sólo* hay un Legislador y Juez, que es poderoso para salvar y para destruir. Pero tú, ¿quién eres que juzgas a tu prójimo?
>
> **1 Corintios 4.3–4** En cuanto a mí, es de poca importancia que yo sea juzgado por ustedes o por *cualquier* tribunal humano. De hecho, ni aun yo me juzgo a mí mismo. Porque no estoy consciente de nada en

contra mía. Pero no por eso estoy sin culpa, pues el que me juzga es el Señor.

Reitero que cualquiera que sea la clase de juicio, es una tarea y un asunto que pertenecen al día del juicio, a los cuales estamos prohibidos, como en 1 Cor. 4:5:

1 Corintios 4.5 Por tanto, no juzguen antes de tiempo, *sino esperen* hasta que el Señor venga, el cual sacará a la luz las cosas ocultas en las tinieblas y también pondrá de manifiesto los designios de los corazones. Entonces cada uno recibirá de parte de Dios la alabanza que le corresponda.

Pero, distinguir los hipócritas que tienen la forma de piedad y que hablan como hombres piadosos, de los verdaderos santos, o separar las ovejas de las cabras, esto es un asunto propio del día del juicio y que ciertamente es presentado como la principal tarea y objetivo de aquel día. Por lo tanto, cometen un grave error quienes asumen la tarea de determinar absolutamente quiénes son sinceros y quiénes no lo son; de trazar la línea divisoria entre los verdaderos santos y los hipócritas; de separar las ovejas de las cabras, poniendo las unas a la mano derecha y las otras a la izquierda; y de distinguir y separar la cizaña del trigo.

Muchos de los siervos del dueño del campo, están muy dispuestos a considerarse aptos para esta labor y se apresuran a ofrecer sus servicios con este propósito; pero su Señor les dice, "No, no sea que, al arrancar la cizaña, arranquéis con ella también el trigo. Dejad creced juntamente lo uno con lo otro, hasta la siega"; y al tiempo de la siega, yo cuidaré de ver que se haga una perfecta separación; como dice Mat. 13:28-30.

Mateo 13.28–30 "Él les dijo: 'Un enemigo ha hecho esto.' Y los siervos le dijeron: '¿Quiere, usted, que vayamos y la recojamos?'" "Pero él dijo: 'No, no sea que, al recoger la cizaña, arranquen el trigo junto con ella. 'Dejen que ambos crezcan juntos hasta la cosecha; y al tiempo de la cosecha diré a los segadores: "Recojan primero la cizaña y átenla en manojos para quemarla, pero el trigo recójanlo en mi granero."

En concordancia con la antes mencionada prohibición del apóstol, 1 Cor. 4:5 dice "No juzgues nada antes de tiempo". En esta parábola, la intención de los siervos que cuidan del fruto del campo es, sin duda, la misma que la de los siervos que cuidan del fruto de la viña en Lucas 20; los cuales están, en otra parte, representados como siervos del Señor de la cosecha, designados como labradores en su cosecha. Estos, sabemos, son los ministros del evangelio. Esta parábola se cumple ahora en Mateo 13: "Mientras dormían los hombres" (durante un largo sueño, tiempo de inercia en la iglesia) "el enemigo sembró cizaña"; ahora es el tiempo "cuando salió la hierba y dio fruto", y hay avivamiento religioso; y ahora algunos de los siervos que cuidan el campo dicen: "Vamos y arranquemos la cizaña".

Yo sé que hay una gran disposición en los hombres, que suponen que han tenido alguna experiencia de poder espiritual, a pensar de sí mismos como capaces para discernir y determinar el estado espiritual de los demás a través de una pequeña conversación con ellos; y la experiencia me ha enseñado que esto es un gran error.

Nunca imaginé que el corazón del hombre fuera tan inescrutable, como en realidad lo es. Yo soy menos caritativo, y menos duro de lo que fui alguna vez. Encuentro más cosas en hombres malvados, que pueden ser alarde de una piedad falsificada; y encuentro también más maneras en que la corrupción remanente en los piadosos puede hacerles parecer como hombres carnales, formalistas e hipócritas, de lo que alguna vez pensé. Mientras más vivo, menos me sorprendo de que Dios demande como su prerrogativa, el probar los corazones de los hijos de los hombres, y de que dé directivas para que este asunto sea dejado hasta la cosecha.

Deseo adorar la sabiduría de Dios, y su bondad para conmigo y las demás criaturas, al no haber encomendado esta gran tarea en manos de tan pobre y débil criatura, con vista tan corta, con orgullo, parcialidad, prejuicio y de corazón engañoso; sino que la ha encomendado en las manos de Uno infinitamente más idóneo para esta tarea, la cual ha hecho su prerrogativa.

La forma de hablar de algunas personas, y el informe que dan de sus experiencias son excesivamente complacientes, al punto de rechazar todo pensamiento que no sea el de que son los preciosos hijos de Dios. Esto constriñe a un absoluto amor; sin embargo, debemos admitir que las Escrituras están en lo correcto al hablar como de algo escondido, de todo lo que pertenece a la vida espiritual y divina de los santos, Col 3:3-4.

> **Colosenses 3.3–4** Porque ustedes han muerto, y su vida está escondida con Cristo en Dios. Cuando Cristo, nuestra vida, sea manifestado, entonces ustedes también serán manifestados con El en gloria.

Su alimento es el maná escondido; ellos tienen comida para comer que otros no conocen; un extraño no se entremete en sus alegrías. El corazón, en el cual ellos tienen el divino ornato que los distingue, es el hombre escondido, que está a la vista de Dios solamente, 1 Pe 3:4.

> **1 Pedro 3.4** Sino *que sea* lo que procede de lo íntimo del corazón, con el adorno incorruptible de un espíritu tierno y sereno, lo cual es precioso delante de Dios.

El nuevo hombre que Cristo les ha dado, ningún hombre lo conoce sino aquel que lo recibe, Ap. 2:17.

Apocalipsis 2.17 "El que tiene oído, oiga lo que el Espíritu dice a las iglesias. Al vencedor le daré del maná escondido y le daré una piedrecita blanca, y grabado en la piedrecita un nombre nuevo, el cual nadie conoce sino aquél que lo recibe."

La alabanza de los verdaderos israelitas, cuya circuncisión es la del corazón, no viene de hombres, sino de Dios, Rom. 2:29; esto es, que ellos pueden ser ciertamente reconocidos y discernidos como Israelitas, para tener el honor que les corresponde como tales, sólo de parte de Dios; como se nota por el uso que hace el mismo apóstol de una expresión parecida en 1 Cor. 4:5. Aquí, el habla de que es la prerrogativa de Dios juzgar a quienes son cristianos fieles, y de lo que Él hará en el día del juicio; añadiendo "y entonces cada uno recibirá su alabanza de Dios".

El caso de Judas es notable. Aunque él estuvo tanto tiempo en medio del resto de los discípulos, gente de verdadera experiencia; sin embargo, sus compañeros nunca parecieron haber abrigado el pensamiento de que él fuera otro que un verdadero discípulo, hasta que él se descubrió a sí mismo, por sus escandalosos hechos. Y el caso de Ahitofel es también notable. David no sospechó de él, a pesar de ser un hombre tan sabio y santo, un gran teólogo, habiendo tenido gran familiaridad con la Escritura. David conocía más que todos sus maestros, más que los ancianos; creció en experiencia, y había alcanzado mucha madurez de criterio. Él era un gran profeta y estaba relacionado con Ahitofel, su amigo familiar y el más íntimo compañero en los asuntos religiosos y espirituales.

Sin embargo, David no sólo nunca descubrió que era un hipócrita, sino que confió en él como en un verdadero santo. David saboreaba su dulce discurso religioso, y le tenía como un eminente santo; tanto que le puso sobre cualquier otro hombre, como su guía y consejero en asuntos del alma; pero, sin embargo, no sólo no era santo, sino que era un hombre marcadamente perverso, un asesino, vil y despreciable. Sal 55:11-14:

Salmo 55.11–14 Hay destrucción en medio de ella, Y la opresión y el engaño no se alejan de sus calles. Porque no es un enemigo el que me reprocha, Si así fuera, podría soportar*lo;* Ni es uno que me odia el que se ha alzado contra mí, Si así fuera, podría ocultarme de él; Sino tú, que eres mi igual, Mi compañero, mi íntimo amigo; Nosotros que juntos teníamos dulce comunión, *Que* con la multitud andábamos en la casa de Dios.

Suponer que los hombres tienen la habilidad y el derecho de determinar el estado de las almas de cristianos visibles, y así hacer una pública separación entre santos e hipócritas; para que los verdaderos santos puedan ser de un grupo visible y los hipócritas de otro, separados por una demarcación que los hombres hacen, lleva en sí una inconsistencia: porque esto supone que Dios ha dado a los hombres el poder de hacer otra iglesia visible dentro de su iglesia visible. Cristianos visibles (santos visibles) son personas que tienen el derecho de ser recibidos públicamente como tales en el vínculo del amor.

Nadie puede tener el derecho de excluir a nadie de esta iglesia visible, sino en la forma del procedimiento eclesial regular que Dios ha establecido en su iglesia visible. Yo ruego a aquellos, que tienen un verdadero celo por promover esta obra de Dios, que consideren bien estas cosas. Estoy persuadido de que muchos de ellos, que tienen que tratar tanto con las almas, si no me escuchan a mí ahora, pensarán de la misma manera cuando hayan tenido más experiencia.

Y otra cosa que rogaría a los celosos amigos de esta gloriosa obra de Dios, es que eviten la controversia con opositores con demasiado calor y demostración de un celo airado; y particularmente que eviten insistir mucho, en oraciones públicas y predicaciones, sobre la persecución de los opositores. Si esa persecución fuera diez veces tan grande como lo es, me parece que sería mejor no hablar tanto acerca de ella.

Si es propio a los cristianos ser como corderos, listos a no quejarse ni gemir cuando son heridos; les será también propios el estar mudos y sin abrir sus bocas, según el ejemplo de nuestro amado Redentor; y no ser como cerdos, que están listos a chillar fuertemente cuando los tocan. No debemos estar listos a pensar y a hablar de fuego del cielo cuando los samaritanos se nos opongan o no nos reciban en sus villas. Los celosos ministros de Dios harían bien en pensar en el consejo que el apóstol dio a un ministro celoso, 2 Tim 2:24-26:

> **2 Timoteo 2.24–26** El siervo del Señor no debe ser rencilloso, sino amable para con todos, apto para enseñar, sufrido. Debe reprender tiernamente a los que se oponen, por si acaso Dios les da el arrepentimiento que conduce al pleno conocimiento de la verdad, y volviendo en sí, *escapen* del lazo del diablo, habiendo estado cautivos de él para *hacer* su voluntad.

Humildemente, recomendaría a aquellos que aman al Señor Jesucristo y que avanzan su reino, que presten atención a esa excelente regla de prudencia que Cristo nos ha dejado, Mat 9:16-17:

> **Mateo 9.16–17** "Nadie pone un remiendo de tela nueva en un vestido viejo; porque el remiendo *al encogerse* tira del vestido y se produce una rotura peor. "Y nadie echa vino nuevo en odres viejos, porque entonces los odres se revientan, el vino se derrama y los odres se pierden; sino que se echa vino nuevo en odres nuevos, y ambos se conservan."

Temo que el vino está ahora derramándose en alguna parte de esta tierra, por no atender a esta regla. Creo que nos hemos limitado demasiado a un cierto método y forma establecidos en el manejo de nuestros asuntos religiosos; lo cual ha contribuido a provocar que toda nuestra religión degenere en una mera formalidad. Sin embargo, algo que tenga la apariencia de una gran innovación – que tiende mucho a sacudir y sorprender la mente de la gente, y a ponerla en habladurías y disputas – tiende grandemente a impedir el progreso del poder de la fe. Esto genera la oposición de algunos, desvía las mentes de otros, y pone perplejos a muchos con dudas y escrúpulos. Esto provoca que la gente se aparte de su gran tarea y se vuelvan a vanas disputas. Por lo tanto, debe evitarse lo que está lejos de la práctica común, a menos que sea algo, por naturaleza propia, de considerable importancia. Por esto, debemos seguir el ejemplo de uno que tuvo el más grande éxito en propagar el poder de la fe, 1 Cor. 9:20-23:

1 Corintios 9.20–23 A los Judíos me hice como Judío, para poder ganar a los Judíos. A los que están bajo *la* Ley, como bajo *la* Ley, aunque yo no estoy bajo *la* Ley, para poder ganar a los que están bajo *la* Ley. A los que están sin ley, como sin ley, aunque no estoy sin la ley de Dios, sino bajo la ley de Cristo, para poder ganar a los que están sin ley. A los débiles me hice débil, para ganar a los débiles. A todos me he hecho todo, para que por todos los medios salve a algunos. Y todo lo hago por amor del evangelio, para ser partícipe de él.

Preguntas de Reflexión: Inferencias Prácticas[32]

1) La reciente influencia extraordinaria es del Espíritu de Dios.
   a) Edwards cree "Pero ciertamente debe haber una distinción hecha entre la aflicción intensa pero completamente proporcional, ocasionada por el miedo ante una verdad aterrorizante; y los efectos producidos por un temor innecesario y sin razón ¿Está usted de acuerdo? ¿Sí o no? ¿Por qué?

---

[32] Tomado del libro por Archie Parrish, *The Spirit of Revival Discovering the Wisdom of Jonathan Edwards.* (Wheaton, Ill: Crossway Books, 2000). Usado con permiso. Traducción por Luis Estrada con Minina Pucci de Barrantes.

2) Nosotros deberíamos hacer el máximo esfuerzo para promoverlo
   a) ¿Qué razones da Edwards para animar a los cristianos a apoyar la obra en sus días?
   b) "Ministros en silencio (pasivos) se atraviesan en el camino de la obra de Dios"
   c) De acuerdo con Edwards ¿qué significa esta declaración? ¿Ve usted ejemplos (de esto) hoy día? Explique.

3) "Aquellos que esperan ver la obra de Dios sin dificultad y tropiezos serán como insensatos esperando a la orilla del río viendo pasar la corriente. Es de esperar que en la obra de Dios hallan tropiezos." ¿Está usted de acuerdo? ¿Por qué?

4) ¿Qué dice Edwards acerca de "aquellos que, siendo excesivamente precavidos, permanecen a la distancia, dudando, y preguntándose"? ¿Está usted de acuerdo? ¿Sí o No? ¿Por qué?

5) Amigos en esta obra deben mantenerse diligentes ¿En qué manera Edwards urgió a los obreros en sus días a mantenerse "firmes y diligentes?"
   a) ¿Por qué Edwards espera que el mayor enemigo de la obra trataría al máximo? ¿Y especialmente con aquellos amigos de la obra?
   b) ¿Cuál es nuestra mejor defensa, y qué implica que deberíamos de hacer?
   c) ¿De qué manera Edwards describe el orgullo? ¿Está usted de acuerdo? ¿Sí o no? ¿Por qué?

6) ¿Qué consejo dio Edwards a aquellos que estuvieron dando demasiada importancia a fuertes impresiones e impulsos en sus mentes?"

7) "Un hombre podrá tener extraordinarios dones y aun así (ser) abominable para Dios e ir al infierno. Lo espiritual y la vida eterna del alma consisten en la gracia del Espíritu que Dios da a sus favoritos y a sus hijos queridos" ¿Está usted de acuerdo? ¿Sí o No? ¿Por qué?

8) "Los dones extraordinarios no tienen valor sin las influencias santificadoras ordinarias." ¿Está usted de acuerdo? ¿Sí o No? ¿Por qué?

9) Edwards afirma "De mi parte, yo preferiría disfrutar de la dulce influencia del Espíritu, yo preferiría mostrar la belleza divina y

espiritual de Cristo, su infinita gracia, y su amor generoso. Yo preferiría desarrollar el ejercicio santo de la fe, amor divino, dulce complacencia, y humilde gozo en Dios. Yo preferiría experimentar todo esto por un cuarto de hora o quizás una hora, que tener visiones y revelaciones proféticas durante todo un año". ¿Está usted de acuerdo? ¿Sí o no? ¿Por qué?

CONCLUSIÓN Y APLICACIÓN AL CONTEXTO ESPAÑOL Y LATINO

Dr. Ernest Klassen

Jonathan Edwards vivó en otra época (1703 – 1758). Ministró en otras latitudes (Nueva Inglaterra de la costa lateral este de los Estados Unidos). Utilizó otro idioma (un inglés antiguo). Sin embargo, el pensamiento de Edwards trasciende el tiempo y las culturas porque habla un idioma universal, el idioma bíblico.

Su pensamiento es vigente para nuestra época y para el contexto Latino porque su ministerio estuvo profundamente arraigado en las Escrituras. Como hemos visto, esta obra es esencialmente una exposición de I de Juan 4. Pero no es un estudio seco o árido o divorciado de la vivencia cristiana.

La exposición de la palabra ha pasado por el filtro de una personalidad profundamente comprometida con el Dios trino. El análisis del texto está bien informado por la experiencia pastoral. Además, su perspicacia filosófica y teológica combinado con su familiaridad con la historia de la iglesia y la sicología bíblica, le autoriza a Edward ha hablar, ayer y hoy. Permítame dar un resumen de tres lecciones que Edwards nos ofrece, al mundo latino.

Lección 1: El equilibrio

Lo que me llama mucho la atención en los escritos de Edwards es su profunda familiaridad con el Dios de las Escrituras y con las Escrituras de Dios. Jesús advirtió al liderazgo religioso de su época: "Entonces respondiendo Jesús, les dijo: ¿No erráis por esto, porque ignoráis las Escrituras, y el poder de Dios?" (Marcos 12:24). El motivo del error en el liderazgo se debe a nuestra ignorancia intelectual y experimental de las Escrituras en su totalidad, de nuestra superficialidad y falta de intimidad profunda con el Espíritu Santo, especialmente con su poder, y de nuestra incapacidad para mantener el equilibrio entre las Escrituras y el poder de Dios.

Algunos evangélicos son muy bíblicos, relativamente conservadores en su interpretación y aproximación al texto bíblico, "campeones" de la "sana doctrina", defensores de lo "escrito está", pero relativamente reacios o reticentes a un énfasis sobre el poder del Espíritu y esto, a pesar del énfasis bíblico al tema de la verdadera espiritualidad y el papel protagónico del Espíritu Santo y la plenitud y poder del Espíritu en dicha espiritualidad. Otros evangélicos son muy "espirituales", relativamente generosos en su énfasis sobre el poder y plenitud del Espíritu, amigos del "carisma", defensores de la "libertad del Espíritu" pero relativamente descuidados en el conocimiento intelectual y vivencial de las Escrituras.

La exposición sistemática de las Escrituras en los púlpitos y el estudio expositivo sistemático en las aulas y los hogares y en la vida devocional individual, es notoria por su ausencia. Tanto la dieta desequilibrada de la Palabra (no predicando todo el consejo de Dios, sino enfatizando las doctrinas favoritas de uno mismo) como el descuido de la Palabra por un enfoque más vivencial (testimonios, pragmatismo apelando a la necesidad inmediata sin claro fundamente bíblico) tienden ambos a producir un cristianismo y un Cristiano enfermizo. (Y ese descuido bíblico, con una híper-espiritualidad, suele suceder a pesar de la verdad de que la Biblia es el soplo del Espíritu.)

Ambas escuelas tienden a polarizarse y caer en el error. Unos están en una zanja, los otros están en la zanja del otro lado, pero ninguno de los dos está en la autopista. Ambas escuelas necesitan escucharse y aprender de la otra para volver y mantenerse en la pista. Nuestra tendencia carnal es ser reactiva y no proactiva. Aquí Jonathan Edwards tiene mucho que ofrecer a las diferentes escuelas evangélicas del continente Latino.

Su capacidad para mantener el equilibrio entre las Escrituras y el poder de Dios, especialmente en tiempos de refrigerio espiritual especial y tiempos de "visitación", es muy digna de ser no solamente loada, pero (y más importante) ser seguida. Lo que América Latina necesita es una clase de avivamiento que produzca un equilibrio sano entres las Escrituras y el poder de Dios, unificando a los hermanos bien intencionados pero desequilibrados en la praxis de lo que Dios ha determinado unir. Decimos en la ceremonia de boda: "Lo que Dios ha unido, que no lo separe el hombre". Esto lo debemos aplicar a la "unión" entre las Escrituras y el poder de Dios.

Lección 2: La apertura

Edwards era un hombre muy abierto al obrar de Dios. Cuando uno analiza cuidadosamente las nueve "señales ambiguas", uno descubre una tremenda apertura, una disposición de mente y de corazón para conocer más de Dios. Por ejemplo, Edwards dice en la "Primera Sección" de su obra, en la primera "señal ambigua", que no debemos descartar algo simplemente por ser "inusual" o "extraordinario". Edwards nos cae en una apertura extremista. El añade "con la condición de que se ubique dentro de los parámetros o límites establecidos por las Escrituras". Abierto, pero no a la deriva. Edwards es abierto a cierta fenomenología (vea señal ambigua #2).

Lamentablemente, la mayoría de los creyentes tendemos a reaccionar a experiencias extremistas que hemos visto y clausurar nuestro espíritu (o departamentos de nuestro espíritu) al Espíritu de Dios. Tal vez por celo a la obra a nuestro cargo, vemos con mucha cautela cualquier corriente. Sufrimos cierto tipo de ambigüedad espiritual. Queremos un avivamiento, pero tenemos un avivamiento. Nos preocupa la salud de los fieles a nuestro cargo. Y debemos preocuparnos, porque precisamente Dios nos ha encomendado una tarea pastoral.

Las palabras de Pablo a los ancianos de Éfeso reunidos en Mileto (Hechos 20:17 ad), pesan mucho sobre el liderazgo pastoral, especialmente aquel mandato: "Por tanto, mirad por vosotros, y por todo el rebaño en que El Espíritu Santo os ha puesto por obispos, para apacentar la iglesia del Señor, la cual él ganó por su propia sangre". (Hechos de los Apóstoles 20:28).

Total, que Dios nos llama a ser líderes cautelosos y prudentes; de acuerdo. *Pero puede ser que la prudencia humana usurpe el papel que corresponde al Espíritu de Dios*, y terminemos apagando al Espíritu (1 Tes. 5:19 – ver el contexto). Una cosa es prudencia humana, otra cosa es prudencia divina. Como dice Isaías 55:8,9: "Porque mis pensamientos no son vuestros pensamientos, ni vuestros caminos mis caminos, dijo Jehová. Como son más altos los cielos que la tierra, así son mis caminos más altos que vuestros caminos, y mis pensamientos más que vuestros pensamientos". La cuarta señal ambigua muestra otro aspecto de la apertura de Edwards.

El hecho de que haya un efecto marcado en la imaginación no significa que la obra no sea de Dios. El hecho de que la obra esté acompañada por imprudencias e irregularidades (Señal ambigua #6 y Señal ambigua#8) no significa que la obra sea de Dios. Edwards mantiene una postura bastante abierta. El hecho de que haya errores de juicio y cierta cizaña con el trigo no obliga a quemar todo el campo (Señal #7).

Realmente, cuando uno analiza cada una de las "señales ambiguas" queda maravillado a la apertura de Edwards. Creo que esto es loable. Una actitud demasiado mezquina, cautelosa y parroquial, puede ser evidencia de que estemos operando con "paradigmas humanos clausurados" y anacrónicos. Los éxitos de ayer pueden convertirse en los impedimentos de hoy. Animo al lector, especialmente al lector líder, a revisar las señales ambiguas de Edwards y pedir al Espíritu Santo una sana y libertadora apertura a nuevos paradigmas.

Lección 3: La sabiduría

Edwards es un hombre abierto. Pero no es un hombre "crédulo". Existe un equilibrio sano y difícil de lograr y mantener en la vida Cristiana y en el ministerio Cristiano entre el ser abierto sin caer en el "simplismo" y "credulidad". En nuestro deseo por avivamiento auténtico, y mantener una apertura para que no apaguemos al Espíritu (1 Tes. 5:19), nunca debemos descuidar nuestra responsabilidad de "examinarlo todo y retener lo bueno" (1 Tes. 5:21).

La Palabra de Dios en varias ocasiones nos exhorta a ejercitar discernimiento espiritual. 1 Juan 4:1 dice: "Amados, no creáis a todo espíritu, sino probad los espíritus si son de Dios; porque muchos falsos profetas han salido por el mundo". Jeremías 15:19 aclara que el ministerio profético exige discernimiento espiritual: "Por tanto, así dijo Jehová: Si te convirtieres, yo te restauraré, y delante de mí estarás; y si entresacares lo precioso de lo vil, serás como mi boca. Conviértanse ellos a ti, y tú no te conviertas a ellos".

Esta tarea de "probar los espíritus", "examinarlo todo" y "entresacares lo precioso de lo vil" es el deber del liderazgo y especialmente en momentos de refrigerio espiritual y avivamiento, el hombre y la mujer de Dios deben ejercer discernimiento espiritual. Nuestra vida espiritual, y la vida espiritual de los que Dios ha puesto a nuestro cargo, dependen de eso.

Aquí nuevamente vemos nuestra tendencia a caer de un extremo a otro. De ser muy cerrados, caemos al extremo de ser muy "crédulos". ¡Cuán frágiles somos! ¡Cuán propensos a ser reactivos y no proactivos! ¡Que El Espíritu Santo nos dé su "templanza"! (Gal. 5:23) y una mente/corazón "σωφρονισμου" (2 Timoteo 1:7) que, traducido del Griego al Castellano significa "mente sana". Las diferentes versiones de la Biblia dan un matiz rico a este vocablo griego. La Reina Valera traduce "dominio propio". Dios habla hoy. La Biblia de Estudio traduce "buen juicio". Es interesante ver que la versión Reina Valera de 1909 traduce el vocablo "templanza". Este vocablo es utilizado solamente aquí en el Nuevo Testamento. Las versiones en inglés lo traducen en diferentes maneras "sobriedad",[1] sano "juicio",[2] "auto-disciplina",[3] "juicio" o "discreción sabia".[4] La versión amplificada en Inglés traduce "una mente calma y bien balanceada y disciplina y auto-dominio".[5]

La riqueza del término en el idioma original es sumamente difícil de agotar en un solo término en castellano o inglés. Esto es precisamente la cualidad que tanto admiro en Edwards. Me parece que su acercamiento a lo sobrenatural fue caracterizado por esta virtud que Pablo menciona en 2 Tim. 1:7. Cuando uno analiza las señales positivas, y estudia cuidadosamente el criterio bíblico para

---

[1] American Bible Union Version.
[2] New Testament in Modern Speech – Weymouth.
[3] New English Bible.
[4] The New Testament, A New Translation – Norlie.
[5] The Amplified New Testament.

discriminar que está en I de Juan, se nota en Edwards este equilibrio sano.

El énfasis de Edwards en Cristo, su conciencia de los reinos de las tinieblas y el reino de la luz, su enfoque en las sagradas escrituras, el amor por la verdad y la transparencia, y finalmente su enfoque en el amor hacia Dios y entre los creyentes y la relación que tienen estas señales positivas, la una con la otra, son evidencia de la templanza y discreción sabía que II Tim. 1:7 menciona. Tres lecciones de Jonathan Edwards para nosotros en el mundo latino: Ser equilibrado, abierto y sabio. Equilibrado en el énfasis en la Palabra de Dios y en el Espíritu de Dios. Abierto al obrar del Espíritu de Dios, no preso de paradigmas clausurados. Sabio en el ejercicio del discernimiento espiritual.

Al llegar al final de nuestra reflexión sobre el avivamiento en general y de este escrito de Edwards en particular, creo que la mejor manera de terminar es apelar al lector, utilizando las palabras que se encuentran en el epitafio de Edwards:

¿Quiere saber, oh viajero, que clase de hombre fue el que está sepultado aquí? Un verdadero hombre de cuerpo alto y muy agraciado. En agudeza del intelecto, juicio sagaz y prudencia, sin competencia. En cuanto al conocimiento de la ciencia y artes liberales, impresionante. En el criticismo sagrado, eminente; un teólogo distinguido sin igual. Un inconquistable defensor de la fe cristiana, predicador serio, solemne y juicioso, y por la gracia de Dios, muy feliz y exitoso en los asuntos de su vida. Ilustre y piadoso, tranquilo en su manera de ser, pero hacia los demás, amistoso y benigno. Mientras él vivió, fue muy amado y venerado, y desgraciadamente tenemos que lamentar su muerte. El seminario y la iglesia lamentan, pero el cielo se regocija de haberle recibido. Por lo tanto, siga, oh viajero, sus piadosas pisadas.

APÉNDICE 1: NARRATIVA PERSONAL DE JONATHAN EDWARDS

El relato de Jonathan Edwards sobre sus años en Cristo y testimonio de su fe[1]

Desde mi niñez tuve una serie de preocupaciones e inquietudes acerca de mi alma; pero tuve dos remarcables temporadas de despertar, antes de encontrarme con ese cambio por el cual fui traído a aquellas nuevas disposiciones, y ese nuevo sentido de las cosas que tuve desde entonces. La primera vez fue cuando era un muchacho, unos años antes de ir a la universidad, en un tiempo de notable avivamiento en la congregación de mi padre.

Estuve entonces muy conmovido por varios meses, y preocupado por las cosas de la religión y la salvación de mi alma; y abundaba en deberes. Oraba cinco veces al día en secreto, y pasaba mucho tiempo en conversaciones religiosas con otros chicos, y solía encontrarme con ellos para orar juntos. Experimenté no sé qué clase de deleite en mi religión. Mi mente estaba muy ocupada en ello, y me complacía en mi propia virtud; y me agradaba

---

[1] Traducción por Cecilia Vargas

abundar en tareas religiosas. Me junté una vez con unos compañeros de colegio, y construimos una caseta en un sitio muy retirado, y lo usábamos como lugar para orar. Y, además, tenía mis propios lugares en el bosque donde solía retirarme yo solo; y esto me emocionaba mucho.

Parecía que mis afecciones eran vívidas y conmovedoras; yo parecía estar en mi elemento cuando me comprometía en las tareas religiosas. Y estoy convencido que muchos se engañan con estos afectos y esta clase de deleites que yo tenía entonces en la religión, confundiéndola con la gracia. Pero con el paso del tiempo, mis convicciones y afecciones se desvanecieron; y perdí completamente todas mis afecciones y deleites, dejé el lugar secreto, al menos toda constancia de ello, y volví atrás como perro a su vómito, a los caminos del pecado.

En verdad estuve a veces muy ansioso, especialmente hacia la última parte de mi tiempo en la universidad; fue cuando Dios quiso afligirme con una pleuresía que casi me llevó a la tumba y me sacudió sobre la boca del infierno. No obstante, no pasó mucho tiempo después de mi recuperación antes que cayera de nuevo en el pecado. Pero Dios no me permitiría continuar con tranquilidad; tuve grandes y violentas luchas internas, hasta que después de muchos conflictos con inclinaciones pecaminosas, repetidas determinaciones y lazos que me postré e hice votos a Dios, fui llevado enteramente a romper con todos los caminos del mal y todas las formas conocidas de pecado; y para dedicarme a buscar la salvación y practicar muchas tareas religiosas, pero sin ese tipo de afección y deleite que había experimentado antes. Mi preocupación ahora se forjaba más en luchas internas, conflictos y autorreflexiones.

Sin embargo, me parecía que buscaba una costumbre miserable que me ha hecho desde entonces preguntarme sobre el asunto de la salvación, estando listo a dudar, si tal búsqueda miserable alguna vez tuvo éxito. Ciertamente fui llevado a buscar la salvación como nunca antes; me sentí animado a separarme de todas las cosas del mundo, por un interés en Cristo.

Mi preocupación continuaba y prevalecía con muchos pensamientos y luchas internas; pero aun así nunca sería propio expresar esa preocupación como terror. Desde mi niñez mi mente había estado llena de objeciones contra la doctrina de la soberanía de Dios, al escoger a quién daría vida eterna y al rechazar a quién él quisiera, dejándoles perecer y ser atormentados eternamente en el infierno. Me parecía una doctrina horrible. Pero recuerdo muy bien la vez cuando parecí estar convencido y completamente satisfecho de esta soberanía de Dios, y su justicia en disponer así a los hombres eternamente, de acuerdo a su placer soberano. Pero nunca pude explicar cómo o de qué forma me convencí de que hubo en ello una extraordinaria influencia del Espíritu de Dios; sólo que ahora veía más allá y mi razón comprendía su justicia y razonabilidad.

Sin embargo, mi mente descansaba en ello; y puso fin a todas aquellas cavilaciones y objeciones. Y desde aquel día hasta hoy ha habido una alteración maravillosa en mi mente respecto a la doctrina de la soberanía de Dios; así que rara vez he encontrado que se levante una objeción contra ella, en el más absoluto sentido, en la extensa misericordia de Dios a quien él quiera mostrar misericordia y endureciendo a quien él quiera.

La absoluta soberanía y justicia de Dios, respecto a salvación y condenación es en lo que mi mente parece descansar segura, tanto como en cualquier cosa que veo con mis ojos; al menos así es a veces. Pero desde esa primera convicción he tenido frecuentemente otro tipo de sensación sobre la soberanía de Dios diferente a la de entonces. No sólo he tenido una convicción, sino una deleitante convicción. La doctrina ha aparecido casi siempre muy placentera, brillante y dulce. Soberanía absoluta es lo que me encanta atribuirle a Dios. Pero mi primera convicción no era esa.

La primera vez que recuerdo de aquel tipo de deleite interno en Dios y las cosas divinas que había vivido, fue al leer las palabras de 1Tim.1:17 *"Por tanto, al rey de los siglos, inmortal, invisible, al único y sabio Dios, sea honor y gloria por los siglos de los siglos. Amén"*. Cuando leí estas palabras vino a mi alma, y fue como si se difundiera en ella, una sensación de gloria del Ser Divino; una nueva sensación, bastante diferente de cualquier cosa que haya experimentado antes.

Nunca ninguna palabra de la escritura se me había aparecido como estas palabras. Pensé para mí, ¡Qué Ser tan excelente era aquél, y qué feliz debería yo ser, si pudiera disfrutar de ese Dios y ser raptado hacia él en el cielo, y ser como absorbido en él para siempre! Seguía diciendo estas palabras como si las estuviera cantando para mí; y fui a orar a Dios para que pudiera disfrutar de él, y oré de una manera diferente a como solía hacerlo, con un nuevo tipo de sentimiento. Pero nunca vino a mi pensamiento que hubiera en esto algo espiritual o de una naturaleza salvadora.

Desde aquella vez comencé a tener otro tipo de aprehensiones e ideas de Cristo y de la obra de redención y del glorioso camino de salvación por él. Una dulce sensación interna de estas cosas a veces venía a mi corazón; y mi alma era guiada en vistas agradables y contemplaciones. Y mi mente estaba tremendamente comprometida a pasar mi tiempo leyendo y meditando en Cristo, en la belleza y excelencia de su persona y del amoroso camino de salvación por su gracia. No encontré libros más placenteros para mí que aquellos que trataban estos temas. Aquellas palabras de Cant. 2:1 solían ser abundantes para mí, *"Yo soy la Rosa de Sarón y el Lirio de los valles"*. Me parecía que representaban dulcemente el amor y la belleza de Jesucristo.

El libro entero de Cantares era placentero para mí y solía leerlo mucho en aquel tiempo, encontrando de tiempo en tiempo una dulzura interior que me llevaría en mis meditaciones. No sé cómo expresar esto de otro modo que como una calmada y dulce abstracción del alma de todas las preocupaciones de este mundo; y a veces una especie de visión o la idea de estar solo en las montañas o en algún desierto, lejos de toda la humanidad, conversando dulcemente con Cristo, y envuelto y absorbido por Dios. La sensación que tenía de las cosas divinas de pronto se inflamaba como un fuego dulce en mi corazón; un ardor del alma que no sé cómo expresar.

No mucho tiempo después que empecé a experimentar estas cosas, le relaté a mi padre sobre algunas cosas que habían pasado por mi mente. Me afectó mucho la discusión que tuvimos y cuando terminó me fui solo, a un lugar solitario en los campos de mi padre, para meditar. Y cuando iba hacia allá, viendo el cielo y las nubes, vino a mi mente una sensación tan dulce de la gloriosa majestad y la gracia de Dios, que no sé cómo expresarlo. Me pareció ver a ambos en una dulce conjunción; majestad y mansedumbre juntos; era una dulce, gentil y santa majestad; y también una mansedumbre majestuosa; una dulzura tremenda; una bondad grande y santa.

Después de esto mi sentido de las cosas divinas creció gradualmente y se hizo más y más vívida, y tuve más de aquella dulzura interior. Se alteró la apariencia de todas las cosas; parecía haber una dulce calma o apariencia de gloria divina en casi todas las cosas. La excelencia de Dios, su sabiduría, su pureza y amor parecían estar en todo; en el sol, en la luna y las estrellas; en las nubes, y el cielo azul; en el pasto, flores, árboles; en el agua y toda la naturaleza que se acomodaban en mi mente.

Solía sentarme y ver la continuidad de la luna y durante el día pasaba mucho tiempo observando las nubes y el cielo para apreciar la dulce gloria de Dios en estas cosas; en tanto que cantaba en voz baja mis contemplaciones del Creador y Redentor; y casi nada, entre todas las obras de la naturaleza, era para mí tan dulce como el trueno y el relámpago. Antes, nada había sido tan terrible para mí. Antes me aterraba insólitamente con el trueno y me sobrecogía de terror cuando veía levantarse una tormenta. Pero ahora por el contrario, me regocijaba. Sentía a Dios, por decir así, desde la primera aparición de una tormenta; y a veces aprovechaba la oportunidad para acomodarme y visualizar las nubes y ver jugar a los relámpagos y oír la majestuosa y terrible voz del trueno de Dios, lo cual era muchas veces extremadamente entretenido, guiándome a dulces reflexiones de mi Dios grande y glorioso.

Ocupado en estas cosas, siempre me parecía natural cantar o expresar mis pensamientos en soliloquios cantando. Sentía entonces gran satisfacción; era como mi estado de ánimo, pero eso no me contentaba. Mi alma anhelaba vehementemente a Dios y a Cristo, y más santidad, donde mi corazón estaba lleno y listo a quebrarse; lo cual siempre traía a mi mente las palabras del salmista, Sal. 119:28 *"Se deshace mi alma de ansiedad; susténtame según tu palabra"*. Siempre sentía un lamento en mi corazón por no haberme vuelto a él antes, para haber tenido más tiempo para crecer en la gracia.

Mi mente estaba grandemente adherida a las cosas divinas; casi perpetuamente en su contemplación. Pasaba la mayor parte de mi tiempo pensando en cosas divinas; año tras año, caminando muchas veces solo en los bosques y lugares solitarios para meditación, soliloquio, oración y conversación con Dios; y esa era siempre mi forma en esos tiempos, de cantar mis contemplaciones.

Estaba casi constantemente en actitud de oración dondequiera que estuviera. La oración parecía ser tan natural para mí, como el aliento por el cual se ventilaba el fuego interno de mi corazón. Los deleites que ahora sentía en las cosas de la religión eran de un tipo extremadamente diferente de aquellos mencionados antes, que tenía cuando era un muchacho. Y entonces no tenía más noción de lo que un ciego de nacimiento tiene de los colores placenteros y hermosos. Eran más internos, puros, de una naturaleza que animaba y refrescaba el alma. Aquellos deleites de antes nunca alcanzaban el corazón y no se elevaban desde la vista de la divina excelencia de las cosas de Dios, de ningún sabor del alma que satisfaga la buena vida en ellos.

Mi sentido de las cosas divinas parecía crecer gradualmente hasta que fui a predicar a Nueva York, lo cual sucedió como año y medio después que comenzara. Y mientras estuve ahí lo percibí muy sensiblemente, en un grado mucho mayor de lo que había sido antes. Mi anhelo de Dios y de la santidad había crecido mucho. El cristianismo puro y humilde, santo y celestial aparecía extremadamente cercano a mí. Sentía un deseo ardiente de ser en todo un cristiano completo, conformado a la bendita imagen de Cristo; y de vivir en todas las cosas de acuerdo con las normas puras, dulces y benditas del evangelio.

Tuve una anhelante sed de progresar en estas cosas, lo cual me hizo dedicarme a ellas. Estaba yo en mi continua contienda día y noche, inquiriendo constantemente cómo debería ser más santo y vivir con más santidad, haciéndome más un hijo de Dios y discípulo de Cristo. Ahora buscando un incremento de la gracia y santidad, y una vida santa con mucha más seriedad de la que haya buscado antes de tener la gracia.

Estaba continuamente examinándome y estudiando e ideando caminos y medios probables para vivir con más santidad, con mucha mayor diligencia y solicitud que cualquier cosa que haya buscado en mi vida; pero todavía con una gran dependencia de mis propias fuerzas, lo cual me hizo un gran daño después. Mi experiencia entonces no me había enseñado mi extrema debilidad e impotencia, y las profundidades eternas de corrupción secreta y engaño que había en mi corazón. Sin embargo, continué con mi ansiosa búsqueda de más santidad y conformidad a Cristo.

El cielo que deseaba era un cielo de santidad; estar con Dios y pasar mi eternidad en amor divino y comunión santa con Cristo. Mi mente estaba muy ocupada en contemplaciones del cielo y el gozo de estar ahí, viviendo en perfecta santidad, humildad y amor. Y en ese tiempo solía aparecer una gran parte de la felicidad del cielo, donde los santos podían expresar su amor a Cristo.

Me parecía una gran carga y obstáculo que lo que sentía dentro no lo podía expresar como deseaba. El ardor interior de mi alma parecía estar obstruido y reprimido y no podía flamear libremente como debiera. Frecuentemente pensaba cómo se expresaría libremente este sentimiento en el cielo. El cielo parecía extremadamente deleitoso, como un mundo de amor; y que toda la felicidad consistía en vivir en un amor puro, humilde, celestial y divino.

Recuerdo los pensamientos que tenía entonces de la santidad; y me decía a veces, "Ciertamente sé que amo la santidad, tal como el evangelio los prescribe". Me parecía que no había nada sino lo que era arrebatadoramente exquisito y la belleza más alta y amable; una belleza divina; mucho más pura que cualquier cosa aquí en la tierra, y que todo lo demás era como lodo y suciedad comparado con ella.

La santidad, como cuando lo anoté en algunas de mis reflexiones, me parecía ser de una naturaleza dulce, placentera, encantadora, serena y tranquila; lo cual trajo a mi alma una inexpresable pureza, brillantez, paz y encanto para el alma. En otras palabras, que hacía al alma como un campo o jardín de Dios; con todo tipo de flores agradables; todas deleitosas y serenas, disfrutando una dulce calma, y los vivificantes rayos de sol.

El alma de un verdadero cristiano, como lo escribí en mis meditaciones, se parece a una pequeña flor blanca con el paso de los años; baja y humilde en la tierra, abriéndose para recibir los rayos placenteros de la gloria del sol; regocijándose como en un rapto calmado; difundiendo una dulce fragancia; parándose pacífica y amorosamente en medio de otras flores alrededor; todas abriéndose para tomar la luz del sol.

No ha habido parte de la santidad que haya yo sentido tanto su encanto como la humildad, el quebrantamiento del corazón y la pobreza de espíritu; y no ha habido nada que haya anhelado tan seriamente. Mi corazón latía por postrarme ante Dios como en el polvo; que yo no sea nada y que Dios sea todo, y que yo me haga como un niño pequeño.

Mientras estuve en Nueva York, me conmovía mucho al reflexionar sobre mi pasado, considerando cuán tarde había empezado a ser verdaderamente religioso; y qué tan perversamente había vivido hasta entonces; y lloré una vez abundantemente.

El 12 de Enero de 1723 me consagré solemnemente a Dios, y lo escribí, rindiéndome y rindiendo a él todo lo que tenía, para no estar en el futuro a mi propia merced; para actuar como alguien que no tiene derecho a sí mismo bajo ninguna consideración; e hice voto solemne de tener a Dios como toda mi porción y felicidad; sin mirar nada más como parte de mi felicidad, con todas mis fuerzas, contra el mundo, la carne y el diablo, hasta el fin de mi vida. Pero tengo razón para estar infinitamente humillado cuando considero cuánto fallé en responder a mi obligación.

Tuve entonces una dulce y abundante conversación en la familia donde viví con el Sr. John Smith y su piadosa madre. Mi corazón estaba lleno de afecto hacia aquellos en quienes había un semblante de verdadera piedad, y no podía tolerar otros pensamientos que no fueran de los santos discípulos del bendito Jesús. Tenía grandes anhelos del avance del reino de Dios en el mundo; y mi oración secreta era en gran parte por ese motivo. Si oía la mínima insinuación de cualquier cosa que pasara en cualquier parte del mundo que pareciera de una forma u otra tener un aspecto favorable para los intereses del reino de Dios, mi alma lo alcanzaba ansiosamente, y eso me animaba y refrescaba mucho. Leía ansiosamente las noticias principalmente con ese fin; para ver si podía encontrar algunas noticias favorables al interés de la religión en el mundo.

Solía muy frecuentemente retirarme a un lugar solitario a orillas del río Hudson a cierta distancia de la ciudad para contemplar las cosas divinas y tener una conversación secreta con Dios. Y pasaba muchas horas dulces ahí. A veces, el Sr. Smith y yo paseábamos ahí juntos para conversar sobre las cosas de Dios; y nuestra conversación se dirigía muchas veces al tema del avance del reino de Cristo en el mundo, y las cosas gloriosas que Dios haría por su iglesia en los últimos días. Tuve entonces, y otras veces, la más grande delicia en las santas escrituras que en cualquier otro libro. Muchas veces al leerlas, cada palabra parecía tocar mi corazón. Sentía una armonía entre algo en mi corazón y aquellas dulces y poderosas palabras. Parecía ver mucha luz en cada frase, y tanto alimento fresco comunicándose, que no podía leer bien, por quedarme observando cada oración, para ver las maravillas que ella contenía. Y así casi cada frase parecía estar llena de maravillas.

Salí de Nueva York en el mes de Abril de 1723, y tuve la despedida más amarga de Madam (Señora) Smith y su hijo. Mi corazón parecía hundirse dentro de mí, al dejar la familia y la ciudad donde había disfrutado tantos días dulces y placenteros. Fui por mar de Nueva York a Wethersfield, y mientras navegaba me mantuve viendo la ciudad lo más que pude. Sin embargo, esa noche después de la dolorosa partida, fui confortado grandemente en Dios en Westchester, donde desembarcamos para hospedarnos. Y pasé un tiempo agradable en toda la travesía a Saybrook. Era dulce para mí pensar en encontrarme en el cielo con los cristianos, donde no nos despediríamos nunca más. Desembarcamos en Saybrook un sábado, y guardamos el Sabbath, donde tuve un tiempo dulce y refrescante, caminando solo por los campos. Luego de volver a casa en Windsor, mi mente se quedó como una armadura, como en Nueva York; sólo a veces sentía hundirse mi corazón, con el pensamiento de mis amigos en Nueva York.

Mi ayuda fue el contemplar el estado celestial, como lo encontré en mi diario del 1ro. de Mayo de 1723. Era un alivio pensar en aquel estado, donde hay llenura de gozo, donde reina el amor celestial, calmado y deleitoso, sin mezclas; donde están

continuamente las más queridas expresiones de este amor; donde se
disfruta el gozo de las personas amadas que no parten jamás; donde
aquellas personas que se ven tan amorosas en este mundo serán
inexpresablemente más encantadoras y llenas de amor para
nosotros; ¡y que dulcemente se unirán los amantes para cantar las
alabanzas de Dios y del Cordero! Cómo nos llenará de gozo el
pensar en este placer, el cual nunca cesará, sino que durará por la
eternidad.... Seguí así en este mismo sentir habitualmente, como
cuando estuve en Nueva York, hasta que fui a New Haven como
Tutor de la Universidad. Especialmente una vez en Bolton, en una
jornada desde Boston, mientras caminaba solo por los campos,
después que fui a New Haven, me sumergí en la religión; estando
mi mente desviada de la búsqueda vehemente de santidad, por
algunos asuntos que dejaron perplejos y distrajeron grandemente
mis pensamientos.

En Setiembre de 1725 me llevaron enfermo a New Haven y
mientras hacía el esfuerzo por llegar a mi casa en Windsor, me
empeoré tanto en la Villa del Norte, que no pude ir más allá, y
estuve postrado por casi 3 meses. Mientras sobrellevaba la
enfermedad, le agradó a Dios visitarme de nuevo, con la dulce
influencia de su Espíritu.

Mi mente se ocupó grandemente en esto, en divinas y gratas
meditaciones y anhelos del alma. Observaba que aquellos que me
cuidaban esperaban deseosos la mañana siguiente, lo cual trajo a mi
mente aquellas palabras del salmista, de las que mi alma se apropió,
*"Mi alma espera al Señor, más que aquellos que esperan por la
mañana; lo digo, más que aquellos que esperan por la mañana"*.
Y cuando la luz del día entraba por la ventana, refrescaba mi alma
de una mañana a otra.

Parecía ser alguna imagen de la luz de la gloria de Dios.
Recuerdo por ese tiempo, que anhelaba grandemente la conversión
de algunos por quienes estaba preocupado. Podía honrarlos y
servirles con placer y echarme a sus pies si fueran verdaderamente

santos. Pero algún tiempo después me encontraba otra vez distraído con algunas preocupaciones temporales que se apoderaron en exceso de mis pensamientos hasta herir mi alma; y pasé por varias vivencias, que serían tediosas de relatar, las cuales me daban más experiencia que antes, acerca de mi propio corazón.

Desde que llegué a Northampton he tenido siempre una dulce complacencia en Dios, en visiones de su gloriosa perfección y la excelencia de Jesucristo. Dios se me ha presentado como un Ser adorable, principalmente por motivo de su santidad. La santidad de Dios siempre ha sido para mí el más encantador de todos sus atributos. Las doctrinas de la soberanía absoluta de Dios y de la libre gracia, en misericordia regada a aquellos que El muestre misericordia; y la absoluta dependencia del hombre en la intervención del Santo Espíritu de Dios.

APÉNDICE 2: LAS 70 RESOLUCIONES DE EDWARDS

Soy consciente de la realidad de que soy incapaz de hacer cualquier cosa sin la ayuda de Dios, humildemente le pido que, por su gracia, me permita mantener estas resoluciones, hasta el punto de que estén de acuerdo con Su voluntad, por causa de Cristo. Recuerda leer estas resoluciones una vez a la semana.[1]

1. Tomo la resolución de que voy a hacer todo aquello que piense que sea más para la gloria a Dios, y mi propio bien, beneficio y placer, durante mi tiempo; sin ninguna consideración del tiempo, ya sea ahora o mucho más adelante. Me resuelvo hacer cualquier cosa que sea mi tarea, y deber para el bien y la ventaja

---

[1] Un punto importante para tener en cuenta es que Edwards tenía 19 años al momento de escribir sus resoluciones. Para esta edad, su consagración a Dios era total. Su intelecto dotado ya manejaba los aspectos mas intrincados de la teología, la historia y la filosofía, y se disponía a usarlos para la Gloria de Dios y el bien de Su Iglesia. Este es un contraste importante con la mayoría de jóvenes en nuestras Iglesias Latinas a esa edad esta jugando "ponle la cola al burro" en la Iglesia, o jugando Play Station en sus casas, Edwards por otro lado escribía sus 70 resoluciones. El contraste no podría ser mayor. [Nota de Jaime. D. Caballero].

de la humanidad en general. Tomo la resolución, de hacer esto sin importar cualquier dificultad que se me presente, ni cuantas ni que tan grandes puedan ser.

2. Tomo la resolución, de estar continuamente dedicado a encontrar algunas nuevas ideas o inventos para promover las resoluciones antes mencionadas.

3. Resuelvo, que si alguna vez caigo o me vuelvo perezoso de tal manera que falle para no mantener estas resoluciones, me arrepentiré de todo lo que pueda recordar, cuando recupere mi sensatez.

4. Resuelvo, nunca hacer ninguna clase de cosas, ya sea en el alma o cuerpo menos o más, que tienda a aminorar la gloria de Dios.

5. Resuelvo nunca perder ni un momento de tiempo, sino aprovecharlo en la forma que más rentable que sea posible.

6. Resuelvo vivir con todas mis fuerzas mientras viva.

7. Tomo la resolución de nunca hacer nada que me daría miedo hacer si se tratara de la última hora de mi vida.

8. Resuelvo, actuar en todos los aspectos, tanto en lo que hablo o hago, como si nadie hubiera sido tan vil como yo, y como si hubiera cometido los mismos pecados, o hubiera tenido las mismas defectos o fallas que los demás; y permitiré que el conocimiento de sus errores promueva ninguna otra cosa sino vergüenza para mí y mostrara sólo una ocasión para confesar mis propios pecados y miseria a Dios. Julio 30

9. Tomo la resolución de pensar mucho, en todas las ocasiones, acerca de mi muerte, y estar atento a todas las circunstancias que van a ligadas a esa realidad.

10. Me resuelvo cuando sienta dolor, pensar en los dolores del martirio y del infierno.

11. Tomo la resolución, cuando pienso en cualquier teorema de la divinidad que haya que resolver, de inmediato hacer lo que pueda para resolverlo, si las circunstancias no me lo impiden.

12. Tomo la resolución de que, si me deleito en algo como una gratificación para mi orgullo, o vanidad, o en cualquier medida, inmediatamente la rechazaré.

13. Determino que me esforzaré por encontrar objetos adecuados para ser generoso y caritativo.

14. Determino nunca hacer ninguna cosa por venganza.

15. Tomo la determinación de jamás permitirme ni la más mínima emoción de ira hacia seres irracionales.

16. Me determino a nunca hablar algo malo de alguien, que podría tender a la deshonra, ni menos o más, a excepción de hablar solo lo realmente bueno.

17. Tomo la resolución que viviré de tal forma que hubiera deseado hacerlo cuando me muera.

18. Estoy resuelto a vivir, en todo tiempo, como pienso es lo mejor en mis conceptos más devotos, y cuando tengo las nociones más claras de las cuestiones del evangelio, y del mundo por venir.

19. Estoy resuelto a nunca hacer nada que tuviera miedo hacer si yo supiera que no faltara más de una hora para escuchar la trompeta final.

20. Tomo la resolución de mantener la más estricta moderación en el comer y beber.

21. Estoy resuelto nunca hacer nada que yo podría ver en alguien más, me diera la ocasión para despreciarlo, o pensar en cualquier forma mal en cuanto a él.

22. Me determino a dedicarme a obtener tanta felicidad para mí en el otro mundo como me sea posible, con el poder, fuerza y vigor, la violencia, de que soy capaz de hacer, o puedo llegar yo mismo a ejecutar, en cualquier forma que se pueda pensar.

23. Estoy resuelto con frecuencia a tomar alguna acción deliberada, la cual parece ser lo más adecuado hacer, para la gloria de Dios, y rastrearla a su intención original, los diseños, y fines de ella;

y si encuentro que no sea para la gloria de Dios, juzgarla como una violación de la Cuarta resolución.

24. Estoy resuelto, que cada vez que haga algo visiblemente malo, seguiré su rastro hasta llegar a la causa que la originó; y luego cuidadosamente dedicar todo mi esfuerzo a no hacerla más y luchar y orar con todas mis fuerzas contra la causa de eso.

25. Tomo la resolución de examinar cuidadosa y constantemente, que cosa en mí es la que me provoca duda en lo más mínimo del amor de Dios; y entonces dirigir toda mi fuerza contra ella.

26. Estoy resuelto a deshacerme de toda cosa que descubra que contrista mi certeza.

27. Me determino a nunca omitir voluntariamente alguna cosa, excepto que la omisión sea para la gloria de Dios; y frecuentemente examinar lo que dejo de hacer.

28. Estoy resuelto a estudiar las Escritura tan firmemente, constantemente y con frecuencia, al punto de que pueda encontrar y plenamente percibir, que estoy creciendo en el conocimiento de ella.

29. Estoy resuelto a nunca dejar de contar que una oración, ni dejarla que considere como una oración, ni como una petición de oración, la cual sea hecha que yo no pueda esperar que Dios responderá; ni una confesión en la cual no pueda esperar que Dios aceptará.

30. Estoy resuelto, a hacer todo lo posible cada semana para ser llevado más alto en la religión [vida cristiana], y también a un más alto ejercicio de la gracia, de lo que fue la semana anterior.

31. Estoy resuelto a nunca decir nada en absoluto contra nadie, sino cuando está perfectamente de acuerdo con el más alto grado de honor cristiano, y el amor por la humanidad, agradable a la más baja humildad y al sentido por mis propias faltas y defectos, y de acuerdo con la regla de oro; a menudo, cuando diga algo contra cualquier persona, para llevarlo, e intentar que estrictamente pase por el examen de la presente resolución.

32. Estoy resuelto a ser estricta y firmemente fiel a la clase de confianza como la del hombre de Proverbios 20:6 *"Muchos hombres proclaman cada uno su propia bondad, Pero hombre de verdad, ¿quién lo hallará?"* Y que no se cumpla solo parcialmente en mí.

33. Tomo la determinación a hacer siempre lo que pueda para hacer, mantener, y preservar la paz, cuando pueda ser realizado sin perder el equilibrio en detrimento de otros aspectos. Diciembre 26, 1722.

34. Estoy resuelto, que en las narraciones, nunca hablar otra cosa sino la verdad pura y simple.

35. Estoy resuelto, que toda vez que me cuestione si he cumplido con mi deber, de tal manera que mi tranquilidad y reposo estén perturbadas, que la tranquilizaré y también como resolver la cuestión. Diciembre 18, 1722.

36. Estoy resuelto a nunca hablar mal de nadie, a menos que tenga alguna buena reconvención que comunicar. Diciembre 19, 1722.

37. Estoy resuelto a indagar todas las noches, al ir a la cama, en que cosas he sido negligente, – que pecado he cometido, y en que me negado a mí mismo; también al fin de cada semana, mes y año. Diciembre 22 y 26, 1722.

38. Estoy resuelto a nunca pronunciar ninguna cosa festiva, o asunto de risa, del día del Señor, tarde del sábado. Diciembre 23, 1722.

39. Estoy resuelto a nunca hacer nada, en lo que cuestione la legalidad, mientras que intento al mismo tiempo considerar y examinar después, si fue legal o no; a menos que dudara mucho de la legalidad de la omisión.

40. Tomo la resolución a investigar antes de ir a la cama, si he actuado de la mejor manera que podía hacerlo, con respeto a comer y beber. Enero 7, 1723.

41. Estoy resuelto a preguntarme a mí mismo, al fin de cada día, semana, mes y año, en donde podría posiblemente haberlo hecho mejor en cualquier aspecto. Enero 11, 1723.

42. Estoy resuelto más frecuentemente a renovar la dedicación de mí mismo a Dios, la cual fue hecha en mi bautismo, el cual renové solemnemente cuando fui recibido a la comunión de la iglesia, y la cual solemnemente he vuelto a hacer el día de hoy. 12 de Enero de 1723.

43. Estoy resuelto, de aquí en adelante, hasta que me muera, a nunca actuar como si fuera mi propio dueño, sino entera y completamente soy de Dios porque será agradable ser hallado así. 12 Enero 1723.

44. Hago la resolución que ningún otro fin sino la religión [relación con Dios] tendrá ninguna influencia en absoluto en mis acciones; y que ninguna acción se llevará a cabo, bajo ninguna circunstancia con un propósito que no sea este. Enero 12, 1723.

45. Hago la resolución de no permitir ningún placer o codicia, gozo o tristeza, ni ningún grado de afecto, ni ninguna circunstancia relativa a la misma, sino a aquellas que ayude a la religión (Vida cristiana). Enero 12 y 13 1,723.

46. Estoy resuelto a nunca permitir ni la más mínima tristeza o inquietud en cuanto a mi padre o madre. Resuelvo no permitir tales efectos aún ni en la alteración de la voz, o movimiento de mis ojos; y ser especialmente cuidadoso de ello en cuanto a cualquiera de nuestra familia.

47. Estoy resuelto a esforzarme hasta lo máximo para negar todo aquello que no sea sumamente agradable para un bien universal, dulce y benevolente, quieto, pacífico, satisfecho y tranquilo, compasivo y generoso, humilde y manso, sumiso y servicial, diligente y laborioso, caritativo y aún paciente, moderado, perdonador y sincero, con templanza, y hacer en todo tiempo aquello a lo que este tipo de carácter me guie; y a

examinar estrictamente, al final de cada semana, si lo he hecho así. Sábado por la mañana, 5 de Mayo de 1723.

48. Estoy resuelto a constantemente, con el mayor esmero y diligencia, y el escrutinio más estricto, observar detenidamente el estado de mi alma de manera que pueda saber si tengo verdaderamente un interés en Cristo o no; para que cuando yo muera, no sea encontrada ninguna negligencia con respecto a esto de lo que tenga que arrepentirme. 26 de Mayo de 1723.

49. Estoy resuelto a que esto nunca acontezca, si puedo evitarlo.

50. Estoy resuelto a que yo actuaré así, como pienso, de la misma manera juzgaré lo que haya sido mejor y más prudente cuando venga al mundo futuro. 5 de Julio de 1723.

51. Estoy resuelto a que actuaré así, en cada aspecto, de la forma en que pienso que yo desearía haberlo hecho, si yo fuera al final condenado. 8 de Julio de 1723.

52. Estoy resuelto a frecuentemente oír a personas de edad avanzada decir cómo hubieran vivido si pudieran vivir de nuevo sus vidas. Resuelvo, que viviré, así como pienso que yo desearía haberlo hecho, suponiendo que viva hasta una edad avanzada. 8 de Julio de 1723.

53. Estoy resuelto a mejorar cualquier oportunidad, cuando esté en el mejor y más feliz estado mental, para derramar y confiar mi alma en el Señor Jesucristo, para esperar y depositarme en él, y consagrarme completamente a él; que de esta manera yo pueda estar seguro de mi salvación, sabiendo que he confiado en mí Redentor. 8 de Julio de 1723.

54. Estoy resuelto a que siempre que oiga que se está hablando algo en alabanza para alguna persona, si yo pienso que eso sería en mí, digno de alabanza, yo debería esforzarme en imitarlo.

55. Resuelvo; empeñarme al máximo, para actuar así, de la manera que pienso que debería hacerlo, si ya hubiera visto la felicidad del cielo y los tormentos del infierno. 8 de Julio de 1723.

56. Estoy resuelto a nunca detenerme, ni ablandarme en lo más mínimo en mi lucha con mis corrupciones, no importando si no he podido lograrlo.

57. Estoy resuelto a cuando tenga temor de las desgracias y adversidades, deberé examinar si he realizado mi deber, y determinado el hacerlo y dejar que el evento sea solamente como la Providencia lo ordene, Yo, tanto como me sea posible, no me preocuparé por nada, sino por mi deber y mi pecado 9 de Junio y 13 de Julio de 1723.

58. Estoy resuelto a no solo refrenarme en la conversación, de un aire de desaprobación, enojo e ira sino manifestar un aire de amor, alegría y benignidad 27 de Mayo y 13 de Julio de 1723.

59. Resuelvo que cuando esté más consciente de las provocaciones de la naturaleza enfermiza y de la ira, que lucharé con más fuerza para sentir y actuar con bondad natural; sí, en tales momentos, manifestar benevolencia, aunque yo piense que en otros aspectos sería desventajoso, o imprudente. 12 de Mayo y 11 y 13 de Julio.

60. Estoy resuelto a que siempre, cuando mis sentimientos comiencen a aparecer fuera de orden, cuando esté consciente de la menor inquietud dentro de mí, o la más mínima irregularidad, entonces me someteré a mí mismo al más estricto examen. 4 y 13 de Julio de 1723.

61. Estoy resuelto a que no daré ocasión a que la negligencia que encuentro en mí afloje mi mente de estar completamente llena y firmemente colocada en la religión [relación con Dios], tampoco daré ocasión a cualquiera excusa que pueda yo buscar, y que mi negligencia me incline a pensar que es mejor hacer. 21 de Mayo y 13 de Julio de 1723.

62. Estoy resuelto a nunca hacer nada excepto mi deber, y hacerlo de acuerdo a Efesios 6:6-8, hacerlo voluntaria y alegremente, como delante del Señor y no de los hombres; sabiendo que el

bien que cada uno hiciere ese recibirá del Señor. 25 de Junio y 13 de Julio de 1723.

63. Estoy resuelto a que, en el supuesto de que no hubiera sino un individuo en el mundo, que fuera apropiado y completamente un Cristiano, en todo aspecto, ya sea de un temple correcto, haré que cristianismo siempre brille con su verdadero esplendor siendo excelente y amable, desde cualquier punto de vista y carácter: Resuelvo: Actuar, así como lo haría si luchara con toda mi fuerza para ser ese uno, quien viviera en mi tiempo. 14 de Enero y 13 de Julio de 1723.

64. Estoy resuelto a cuando sienta estos gemidos indecibles de los cuales habla el apóstol y aquellos suspiros del alma de desear sus juicios en todo tiempo de los que hace mención el salmista en el Salmo 119:20 que los alentaré con toda mi fuerza y no me cansaré de empeñarme encarecidamente en dar lugar a esos deseos, ni a continuar repitiendo tales anhelos. 23 de Julio y 10 de Agosto de 1723.

65. Estoy resuelto a ejercitarme mucho en esto, toda mi vida, con la mayor apertura de que soy capaz, el declarar mis caminos a Dios y mantener mi alma abierta para él, todos mis pecados, tentaciones, dificultades, penas, temores, esperanzas, deseos, todas las cosas, y todas las circunstancias, de conformidad con el sermón sobre el Salmo 119 del Dr. Manton . 26 de Julio y 10 de Agosto de 1723.

66. Estoy resuelto a que siempre me esforzaré en mantener un aspecto benigno, una forma de actuar y hablar, en todos lugares, y en todas las compañías, excepto si sucediera que los deberes requieran que sea de otra manera.

67. Estoy resuelto a después de las aflicciones, inquirir, cuan mejor soy por ellas, qué es lo que obtuve de ellas y que podría seguir obteniendo de ellas.

68. Estoy resuelto a confesarme francamente a mí mismo, todo lo que encuentro en mí ser ya sea enfermedad o pecado; y si ello

fuera algo concerniente a la religión, también confesarle todo el asunto a Dios y le imploraré que necesito su ayuda. 23 de Julio y 10 de Agosto de 1723.

69. Estoy resuelto a siempre hacer aquello que hubiera querido haber hecho cuando he visto a otros hacerlo. 11 de Agosto de 1723.

70. Estoy resuelto a siempre dejar que haya algo de benevolencia en todo lo que hable. 17 de Agosto de 1723

APÉNDICE 3: CÓMO TENER UN AVIVAMIENTO ESPIRITUAL PERSONAL

A. W. Tozer

INTRODUCCIÓN[1]

Cualquier cristiano que lo desee puede experimentar un renacimiento espiritual radical en cualquier momento, y ello, independientemente de la actitud que puedan tener otros cristianos. La pregunta crucial es: ¿CÓMO? Pues bien, aquí encontrará algunas sugerencias que pueden ser seguidas por cualquiera y que, estoy seguro, resultarán en una vida cristiana maravillosamente mejor.

1. Esté profundamente insatisfecho con usted mismo.

La complacencia es el enemigo mortal del progreso espiritual. El alma satisfecha de sí misma es el alma estancada. Al hablar de los

---

[1] Traducido por Francisco Beltrán.

bienes terrenales, Pablo decía: "He aprendido a estar contento" (Filipenses 4:11); pero al referirse a su vida espiritual, expresaba: "Sigo hacia la meta" (Filipenses 3:14). Así que, avive el don de Dios que está con usted.

2. Tome la decisión inquebrantable de lograr una auténtica transformación de su vida.

Los experimentadores tímidos fracasaron antes de comenzar. Debemos dedicar toda nuestra alma al deseo de estar con Dios. "El reino de los cielos sufre violencia, y los violentos lo arrebatarán" (Mateo 11:12).

3. Ubíquese en la vía de la bendición.

Es un error esperar que la gracia nos llegue en forma mágicamente benigna, o esperar que la ayuda de Dios llegue como algo distinto a condiciones ya establecidas. Existen vías definidas que llevan directamente a pastos verdes, transitemos por ellas. Por ejemplo, desear un avivamiento y al mismo tiempo descuidar la oración y la devoción es desear una cosa y caminar en otra dirección.

4. Tenga un arrepentimiento genuino.

No se apresure a terminar con ello. Un arrepentido apresurado significa una experiencia espiritual poco profunda y una carencia de certeza en toda la vida. Dejemos que la tristeza que es motivada por la piedad realice su tarea sanadora. Sólo cuando dejemos que la conciencia de pecado nos hiera, es que desarrollaremos el temor a pecar. Es nuestro miserable hábito a tolerar el pecado que nos mantiene en condición moribunda.

5. Restituya, cuando fuera necesario.

Si debe algo, páguelo, o por lo menos hable con franqueza a su acreedor acerca de su intención de pagar, de manera que su honestidad quede por encima de todo cuestionamiento. Si ha disputado con alguien, haga todo lo que pueda para lograr una reconciliación. Enderece lo torcido lo más pronto posible.

6. Condúzcase de acuerdo con lo escrito en el Sermón del Monte u otros pasajes bíblicos similares que han sido dados para instruirnos en el camino de la rectitud.

Una persona honesta con la Biblia abierta, lápiz y papel, encontrará con toda seguridad en que está fallando muy rápidamente. Recomiendo que el autoexamen se haga de rodillas, levantándose para obedecer los mandamientos de Dios, al sernos revelados en las Escrituras. No hay nada romántico o colorido en esta vía directa y simple de tratar con nosotros mismos, pero logra su objetivo. Los obreros de Isaac no se veían como personajes heroicos cuando cavaban en el valle, pero lograron abrir los pozos, y eso era lo que se esperaba de ellos.

7. Sea sabio y decidido.

Se puede permitir ver unos programas menos en T.V. A menos que rompa con los comediantes, su corazón perderá toda impresión espiritual, y ello justo en su sala. La gente del mundo suele ir al cine para escapar de un serio análisis de lo que concierne a Dios y de la religión. Usted no podrá sumárseles, pero ahora usted disfruta comunión espiritual con ellos en su propia casa. Las actitudes mentales, niveles morales e ideales del diablo, están siendo aceptados por usted sin saberlo. Y se pregunta por qué no puede progresar en su vida cristiana. Su clima interior no es favorable para el crecimiento de las gracias espirituales. Debe existir un mejoramiento permanente en su vida interior.

8. Reduzca deliberadamente sus intereses.

El que mucho abarca, poco aprieta. La vida cristiana requiere que seamos especialistas. Demasiados proyectos consumen tiempo y energía sin llevarnos más cerca de Dios. Si usted reduce sus intereses, Dios ensanchará su corazón. "Sólo Jesús" le parece al inconverso el lema de la muerte, pero un gran número de hombres y mujeres felices pueden testificar que se ha convertido para ellos en una vía hacia un mundo infinitamente más amplio y rico que cualquiera que hayan conocido antes. Cristo es la esencia de toda sabiduría, belleza y virtud. Conocerlo en creciente intimidad es aumentar nuestro aprecio de todo lo bueno y bello. Las mansiones del corazón se ensancharán al abrirle sus puertas a Cristo y cerrárselas al mundo y al pecado. Inténtelo.

9. Comience a testificar.

Encuentre algo que hacer para Dios y por su prójimo. No se oxide. Póngase a disposición del pastor y haga lo que se le solicite. No insista en ocupar un lugar de liderazgo. Aprenda a obedecer. Tome el lugar inferior hasta el momento en que Dios determine ponerlo en el superior. Incluya en sus nuevas intenciones sus bienes materiales y talentos, tal como ellos sean.

10. Tenga fe en Dios.

Comience a esperar. Mire hacia el Trono en donde se sienta el Abogado a la diestra de Dios. Tiene el cielo de su parte. Dios no lo defraudará.

CONCLUSIÓN

Si sigue estas sugerencias experimentará con toda seguridad un avivamiento en su corazón. Y ¿quién puede decir hasta dónde se puede propagar? Dios sabe cuán desesperadamente la Iglesia necesita una resurrección espiritual. Y puede venir sólo a través del avivamiento individual.[2]

---

[2] Traducido del libro *The Size of the Soul* (El Tamaño del Alma) por A. W. Tozer, Copyright 1992 por Christian Publication, Inc. Todos los derechos

APÉNDICE 4: RINDIENDO
CUENTAS

Después del avivamiento, es importantísimo tener un plan para profundizar la vida espiritual. Podemos decir mucho al respeto, pero queremos dejar al lector una herramienta muy útil para los varones. Ud. necesita un mentor, o un colega de confianza, un amigo, para ayudarse mutuamente a rendir cuentas.

… Doce preguntas duras que todo hombre debe responder…
… Cara a cara… corazón a corazón… hombre a hombre.

1. ¿Me he conducido con integridad en mi trabajo y relaciones de negocio?
2. ¿He abrigado un espíritu de no perdón o resentimiento contra alguien?
3. ¿Existe algún pecado no confesado en mi vida que no estoy dispuesto a tratar?
4. ¿Me he mantenido puro en mis relaciones con mujeres diferentes a mi esposa?

reservados. Usado con permiso. Para más información de la edición inglesa de este libro, favor de visitar a nuestra página web: www.christianpublications.com.

5. ¿He visto algún material con un contenido sexual sutil o explícito?

6. ¿He cumplido fielmente mis compromisos financieros para el reino de Dios esta semana?

7. ¿He sido consistente en mis oraciones y vida devocional esta semana?

8. ¿He invertido tiempo y energía en mi familia esta semana en recreación, conversación e instrucción espiritual?

9. ¿He ocultado de alguna forma a alguien o tergiversado toda la verdad en algún punto?

10. ¿Mis pensamientos han honrado a Dios o con frecuencia he dado cabida a fantasías de poder, materialismo o mala conducta sexual?

11. ¿Han sido mis conversaciones... opiniones, bromas, expresiones... consistentes con un compromiso sano a semejanza de Cristo?

12. Mientras busco oportunidades y el Señor las provea, ¿he estado compartiendo mi fe en Cristo?

... Ejercítate para la piedad...

1 Timoteo 4:7

RECOMENDACIONES DE LIBROS

Bibliografía de Edwards en español (Fuentes Primarias)[1]

01. Berrocal, José Moreno. *Jonathan Edwards: La Pasión Por la Gloria de Dios.* Barcelona: Andamio, 2008.
02. Edwards, Jonathan y Nicholas Needham. *Los Afectos Religiosos: La Valida Experiencia Espiritual.* Graham, NC.: Faro de Gracia, 2000.
03. Edwards, Jonathan y Ernest Klassen.*Características de Un Auténtico Avivamiento.* Lima: Grafitec, 2003.
04. Edwards, Jonathan y Ernest Klassen. Jaime Caballero, ed. *Un Avivamiento Verdadero.* Editorial Teología para Vivir. Agosto, 2019.
05. Edwards, Jonathan. *La Libertad de la Voluntad, con Diez Sermones de Edwards.* Terrazas: CLIE, 2020.

Bibliográfica Selecta Acerca de Edwards en Español (Fuente Secundaria)[2]

---

[1] Traducción al español de una obra de Edwards, en contraste con une fuente secundaria, que es un escrito sobre Edwards por otro.
[2] Traducción al español de une fuente secundaria, que es un escrito acerca de Edwards por otro, en contraste con una fuente primaria, un escrito de Edwards mismo traducido al español.

01. Boyer, Orlando. *Biografías de Grandes Cristianos,* pp. 43 – 49, (Jonatán Edwards, El Gran Avivador). Miami: Editorial Vida, 2001

02. Houston, James con Edwards, Jonathan, ed., *La Verdadera Espiritualidad – Fe y Avivamiento.* Brazil: Editorial Patmos, 2013.

03. Klassen, Ernest. *Predicación Que Aviva – Lecciones de Jonathan Edwards.* Terrazas: CLIE, 2016.

04. McDermott, Gerald R. *Viendo a Dios – Jonathan Edwards y el Discernimiento Espiritual. Salem,* Virgina: Gerald R. McDermott, 2000.

05. Piper, John. *La Pasión de Dios por su gloria – Viva la Pasión de Jonathan Edwards.* Colombia: Editorial Unilit, 2009.

06. Shaw, Mark. *10 Grandes Ideas de la Historia de la Iglesia, (Edwards y la Renovación)* (pp. 133 – 162). Barcelona: Publicaciones Andamio, 2002.

07. Simonson, Harold P. *Jonathan Edwards, Un Teólogo de Corazón.* Terrazas, Espana: CLIE. (Programado para ser publicado en 2020).

Libros en español recomendados por Ernest Klassen

–   Arteaga, William L. *De Poder Olvidado: Fuente de Avivamiento.* Miami: Editorial Vida, 2003.

–   Bartleman, Frank. Et. al. *Azusa Street: El Avivamiento que Cambió el Mundo.* Buenos Aires: Editorial Peniel, 2006.

–   Bounds, Edward M. *El Predicador y la Oración.* Barcelona: Clásicos Clie, 2008.

–   Bright, Bill. *El avivamiento que Viene: Un Llamado a Nuestro País para Ayunar, orar y "buscar el rostro de Dios",* Miami: Unilit, 1996.

- Bullón, Dorothy. *Hacía una Teología de Avivamiento*. Barcelona: Clie, 1998.
- Chiang, Alex et. al. *El Poder del Espíritu Santo: ¿Qué Significa hoy en América Latina?* Lima: Ediciones Puma, 2012.
- DeMoss, Nancy Leigh. *En Busca de Dios: el Gozo de Un Avivamiento en Tu Relación Personal Con Dios*. Chicago: Editorial Moody, 2014.
- Edwards, Brian H. *El Avivamiento: Un Pueblo Rebosante de Dios*. Ciudad Real: Peregrino, 2001.
- Finney, Charles. *El Avivamiento*. Terrassa: Clie, 1990.
- Greenfield, John. *El Poder de lo Alto: Aniversario Bicentenario del Gran Avivamiento Moravo 1727-1927*. Atlantic City: Movimiento Mundial de Avivamiento y Oración, 1931.
- Kassabián, Rubén. *Avivamiento: ¿Bendición o Confusión?* Miami: editorial Unilit, 1996.
- Ravenhill, Leonard. *¿Porque no llega el Avivamiento?* Buenos Aires: Peniel, 2008.
- Ravenhill, Leonard. *Requisitos para un Avivamiento*. Betania: Minneapolis, 1988.
- Ropero, Alfonso y Philip Edgcumbe Hughes. *Teología Bíblica del Avivamiento: Avívanos de Nuevo*. Barcelona: Clie, 1999.
- Smith, Oswald J. *El avivamiento que Necesitamos*. Buenos Aires: Cruzada Mundial de Literatura, 1961.
- Spurgeon, C.H. *Sermones del Año de Avivamiento*. London: Banner of Truth Trust, 1961.
- Wagner, C. Peter. *Manantiales de Avivamiento*. Miami: Caribe, 1998.
- White, John. *Cuando el Espíritu Santo Llega con Poder*. Buenos Aires: Ediciones Certeza ABUA, 1995.
- Yong-gi Cho, Paul. *Oración: Clave del Avivamiento*. Puerto Rico: Betania, 1987.

Libros en Ingles recomendados por Ernest Klassen

- Burns, James. *Revivals, Their Laws and Leaders.* Baker Book House: Grand Rapids 6, Michigan, 1960.
- Cairns, Earle. E. *An Endless Line of Splendor: Revivals and Their Leaders from the Great Awakening to the Present.* Tyndale House Publishers, Wheaton, Illinois, 1986.
- Cymbala, Jim. *Fresh Power.* Zondervan Publishing House, Grand Rapids, Michigan, 2001.
- Cymbala, Jim. *Fresh Wind, Fresh Fire.* Zondervan Publishing House, Grand Rapids, Michigan, 1997.
- Dallimore, Arnold A., *George Whitefield: The Life and Times of the Great Evangelist of the Eighteenth Century Revivals.* 2 vols. Banner of Truth, Edinburgh, 1980.
- Duewel, Wesley L. *Mighty Prevailing Prayer.* Francis Asbury Press, Grand Rapids, Michigan, 1990.
- Dunnett, Bob. *Let God Arise! Making Way for Revival.* Harper Collins, London, 1990.
- Edwards, Jonathan. *Jonathan Edwards on Revival.* The Banner of Truth Trust, Edinburgh, Scotland, 1994.
- Finney, Charles G. *Selected Lectures.* Oliphants Ltd., London. n.d.
- Finney, Charles G. *Finney on Revivals.* Oliphants Ltd., London. n.d.
- Kaiser, Walter C. Jr. *Revive Us Again: Biblical Insights for Encouraging Spiritual Renewal.* Broadman and Holman Publishers, Nashville, Tennessee, 1999.
- Lloyd-Jones, Martyn. *Revival.* Crossway Books, Westchester, Illinois, 1987.
- Lutzer, Erwin W. *Flames of Freedom - The Canadian Revival.* Moody, Chicago, 1975.
- Lovelace, Richard. *Dynamics of Spiritual Life - An Evangelical Theology of Renewal.* Intervarsity Press, Downers Grove, Illinois, 1979.
- McDonald, Gordon. *Restoring Your Spiritual Passion.* Thomas Nelson Publishers, Nashville, 1986.

- Olford, Stephen. *Lord, Open the Heavens! A Heart-Cry for Revival.* Harold Shaw Publishers, Wheaton, Illinois, 1980.
- Orr, J. Edwin. T*he Event of the Century – The 1857-1858 Awakening.* International Awakening Press, Wheaton, Illinois, 1989.
- Parrish, Archie with R. C. Sproul. *The Spirit of Revival: Rediscovering the Wisdom of Jonathan Edwards.* Crossway Books, Wheaton, Illinois, 2000.
- Ravenhill, Leonard. *Revival, God's Way.* Bethany House Publishers, Minneapolis, Minnesota, 1983.
- Rendell, Ted. S. *Fire in the Church.* G. R. Welch Company Limited, Burlington, Ontario, 1982.
- Riss, Richard M. *A Survey of 20th Century Revival Movements in North America.* Hendrickson Publishers, 1988.
- Roberts, Richard Owen. *Revival.*Tyndale House Publishers, Wheaton, Illinois, 1982.
- Snyder, Howard A. *Signs of the Spirit – How God Reshapes the Church.* Wipf and Stock Publishers, Eugene, Oregon, 1997.
- Tozer, A. W. *Rut, Rot or Revival - The Condition of the Church.* Christian Publications, Camp Hill, Pennsylvania, 1992.
- Tracy, Joseph. *The Great Awakening, A History of the Revival of Religion in the Time of Edwards and Whitefield.* The Banner of Truth Trust, Edinburgh, Scotland, 1842.

Paginas web en español sobre el avivamiento, Edwards, El Primer Gran Despertar y otros temas vinculados recomendadas por Ernest Klassen

- Lloyd Jones Sobre el Avivamiento
http://pastormariokansas.com/2013/10/08/traduccion-del-libro-revival-avivamiento-de-martyn-lloyd-jones-capitulo-8-expectacion-de-avivamiento/
- Ravenhill.org
http://www.ravenhill.org

- Porque no llega el Avivamiento - Cap. 16
http://www.ravenhill.org/esp/porque16.htm
- Los Grandes del Avivamiento
http://unciondeloalto.jimdo.com/los-grandes-del-avivamiento/
- Como tener un Avivamiento en su Iglesia
http://www.alcanceevangelistico.org/comotener.htm
- Características de un Avivamiento
http://www.revistaavivamiento.org/revistas/caracteristicas.htm
- Dirigentes del Primer Gran Despertar
http://www.iglesiapueblonuevo.es/index.php?codigo=historiap195
- Jonathan Edwards y Su Visión de un Genuino Avivamiento *Por: René Pereira*
http://www.biblicaemanuel.com/Jonathan%20Edwards.htm
- Conoce a Los Puritanos: Jonatán Edwards
http://caesararevalo.blogspot.com.es/2013/03/conoce-los-puritanos-jonathan-edwards-16.html
- Teología de Jonatán Edwards Acerca del Avivamiento (Mark Shaw), 10 Grandes Ideas de la Historia de la Iglesia, Capítulo 6, Una Visión de la Renovación.
https://www.google.es/search?tbo=p&tbm=bks&q=isbn:8482672762
- Perfil Biográfico de Edwards
http://tiempodeavivamiento.wordpress.com/2013/09/17/biografias-de-grandes-cristianos-jonatan-edwards/
- El Matrimonio de Jonatán y Sarah Edwards
http://evangelio.wordpress.com/2012/11/23/una-unin-poco-comn-examinando-el-matrimonio-teocntrico-de-jonathan-edwards/
- Introducción al Primer Gran Despertar
http://es.wikipedia.org/wiki/Primer_Gran_Despertar
- John Piper presenta a su mentor, Jonatán Edwards
"Un encuentro personal con Jonathan Edwards"
http://es.gospeltranslations.org/wiki/Un_Encuentro_Personal_con_Jonathan_Edwards
- La Verdadera Esencia del Avivamiento (C.H. Spurgeon)
http://www.iglesiareformada.com/spurgeon_avivamineto.html

- Los Afectos Religiosos en Español (Pensamiento más Profundo de Edwards Sobre la Verdadera Espiritualidad y el Avivamiento)
https://www.farodegracia.org/product.aspx?id=879
- Marcas Distintivas de un Auténtico Avivamiento por J. I. Packer
http://www.vidagraciasoberana.bravepages.com/marcas.html
- Jorge Whitefield (Amigo de Edwards y Predicador Importante)
http://www.protestantedigital.com/ES/Magacin/articulo/5224/Whitefi eld-y-el-primer-gran-despertar-de-eeuu
- Todo lo escrito por Jonathan Edwards (en inglés)
www.Edwards.yale.edu
- La Marca Distintiva de la Verdadera conversión (por Edwards)
http://lumbrera.me/2013/04/16/jonathan-edwards-cual-es-la-marca-distintiva-de-la-verdadera-conversion/

Otros títulos de la colección reformada publicados por la Editorial Teología para Vivir

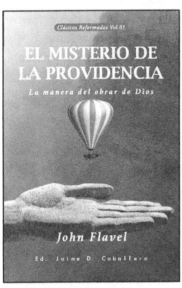

EL MISTERIO DE LA PROVIDENCIA

La manera del obrar de Dios

Autor: John Flavel
Serie: Clásicos Reformados 01
Paginas: 385
Publicación: 2018
ISBN: 978-612-47706-1-6
Precio: 18$
Flavel explica cuidadosamente como la Soberanía de Dios se entrelaza cuidadosamente con la responsabilidad del hombre. No existen coincidencias

CONSUELO PARA LOS DESCONSOLADOS

El consuelo de Cristo a una madre en angustia

Autor: John Flavel
Serie: Clásicos Reformados 02
Paginas: 185
Publicación: 2018
ISBN: 978-612-48204-1-0
Precio: 13$
El consuelo de Cristo para todos aquellos que sufren. Ideal para consejería bíblica, teología pastoral, y para todo aquel en medio de pruebas.

GUARDANDO EL CORAZON

El deber de todo creyente

Autor: John Flavel
Serie: Clásicos Reformados 03
Paginas: 270
Publicación: 2018
ISBN: 978-172-87470-2-6
Precio: 15$
El crecimiento en la vida cristiana no ocurre por arte magia, sino por esfuerzo y sacrificio. Flavel nos guía a través del uso de los medios gracia y el crecimiento espiritual.

GRACIA ABUNDANTE

Misericordia Divina para el más grande pecador

Autor: John Bunyan
Serie: Clásicos Reformados 04
Paginas: 222
Publicación: 2019
ISBN: 978-612-47706-2-3
Precio: 14$
Obra autobiográfica y paralela al *Progreso del Peregrino*, que examina de manera teológica los eventos relacionados a la conversión del creyente, así como la seguridad de salvación en la obra de Cristo.

Made in United States
North Haven, CT
25 July 2025

71011639R00146